FLORENCE

PAR

Mme MARIE RATTAZZI

PARIS
DEGORCE-CADOT, ÉDITEUR
70 bis, rue Bonaparte, 70 bis

FLORENCE

Librairie A. DEGORCE-CADOT, Éditeur,

70 *bis*, *rue Bonaparte*.

DU MÊME AUTEUR:

	vol.
Le Piége aux Maris, avec gravure.	1
Les débuts de la Forgeronne, avec gravure. .	1
La Mexicaine, avec gravure.	2
Le Chemin du Paradis.	1
Si j'étais Reine!!	1
Le Rêve d'une Ambitieuse.	1
Nice la Belle.	2

LAON. — IMP. ET STÉR. H. DE COQUET ET Cie.

FLORENCE

PORTRAITS, CHRONIQUES, CONFIDENCES...

PAR

Madame MARIE RATTAZZI.

PARIS
A. DEGORCE-CADOT, ÉDITEUR
70 bis, RUE BONAPARTE, 70 bis.
1870

AVANT-PROPOS

A M. DEGORCE-CADOT, ÉDITEUR.

Vous me demandez, mon cher Monsieur Degorce, un livre sur l'Italie, en général, et sur Florence en particulier; et, dès l'année passée, vous m'avez apporté un contrat tout signé pour l'avoir de suite. Je voudrais pouvoir vous envoyer un travail complet, car il me semble, quoi qu'on ait déjà mille fois écrit sur l'Italie, que j'aurais bien des choses intéressantes et neuves à vous dire. Mais vous êtes pressé et le temps me manque. Mes jours passent, mes heures s'envolent, sans se laisser compter. Je ne veux pas néanmoins vous répondre par un refus absolu. A défaut d'une étude complète, voici une série d'impressions et de portraits écrits au courant de la plume, à bâtons rompus et dans des circonstances diverses; c'est plutôt un amalgame qu'un ensemble, mais il y a peut-être, dans ces notes, rassemblées sans méthode, les éléments d'un volume. Ce sont de véritables *dijecti membra poetæ* qui ne se recommandent que par l'exactitude des détails, la bonne foi et la sincérité des appréciations. Les transitions font défaut, et l'ordre manque ; je passe fréquemment des œufs à la pomme, des églises au théâtre d'Alfieri, du Sénat aux Cascines ; l'étiquette et la préséance ne sont pas toujours bien observées dans la série des silhouettes que j'ai essayées. Mais ce livre aura du moins le mérite d'être impersonnel, ce qui est à considérer, lorsque, depuis Montaigne, jusqu'aux contemporains, l'Italie n'a été, pour les écrivains et les touristes, qu'un prétexte pour parler d'eux-mêmes, une occasion de se mettre en scène et de se faire un petit piédestal. Le titre reste à trouver, mais cela vous regarde : soyez éditeur et parrain à la fois, c'est bien le moins que vous me deviez puisque j'ai cédé à vos seules instances.

Bientôt les rôles seront intervertis, et c'est moi qui prendrai l'initiative, car je compte, dans un bref délai, vous envoyer la première partie du grand ouvrage dont je m'occupe à cette heure, et que je vous autorise à annoncer dès à présent.

L'Œuvre Parlementaire de M. Rattazzi, traduite, classée, commentée par moi, revue par lui-même, sera, je crois, un utile répertoire de documents pour l'histoire de l'Italie de 1848 à 1869, et les hommes politiques de tous les partis pourront y trouver d'utiles exemples et de féconds enseignements : l'amour de la patrie, le sentiment du devoir, la probité parlementaire s'exhaleront de toutes les pages de cette compilation, et, c'est avec bonheur, presque avec passion, que je m'en occupe, heureuse à l'avance de faire connaître, plus complètement en France, les faits parfois dénaturés, les intentions incriminées, des discours mal traduits ou perfidement commentés.

Plus j'avance et plus je me sens fière de l'œuvre parlementaire du patriote intègre et de l'orateur convaincu dont j'ai l'honneur de porter le nom. C'est vous dire, mon cher Monsieur Degorce, que vous recevrez bientôt le manuscrit du Ier des huit volumes que comptera cet important travail auquel je compte me consacrer exclusivement cette année.

En attendant, je vous livre nos *Esquisses florentines* et je vous envoie mes meilleures amitiés.

M. R.

FLORENCE

PORTRAITS, CHRONIQUES, CONFIDENCES

LE PARLEMENT ITALIEN.

Le Parlement italien tient ses séances au vieux Palais, qu'on appelle communément le palais de *la Signoria*. C'était, jadis, la résidence du grand-duc Cosme, qui le fit orner et agrandir par Vasari. Ce palais, ou plutôt cette forteresse, dont l'origine remonte au xve siècle, affiche un aspect caractéristique, mais manque cependant de symétrie. Cela tient à des causes légendaires.

Vers l'an 1250, il y avait sur cette place un grand palais appartenant à la famille degli Uberti, et des maisons appartenant toutes à des Gibelins.

La colère du peuple a passé par là! Maison et palais ont été rasés jusque dans leurs fondements, et l'espace laissé vide a été respecté, pour qu'il restât un souvenir de la tyrannie et de la vengeance! C'est pour cela que le palais ne se trouve pas, aujourd'hui, au milieu de la place! On entre, par la porte principale, dans une cour dont les colonnes et les voûtes disparaissent sous les arabesques dues à Michelozzo-Michelozzi. — Au milieu, une fontaine de porphyre surmontée d'une statue en bronze de Verrocchio se marie à un groupe représentant Samson terrassant un Philistin dû au ciseau de Vincenzo de Rossi.

C'est dans la chambre du grand Conseil, dite des Cinq-Cents (une salle longue de 162 pieds et large de 66) que se tiennent les séances du Parlement italien. Selon la tradition, c'est l'architecte Cronaca qui l'aurait construite sur les instances de Savonarola, pour y réunir l'assemblée du peuple, curieux comme aujourd'hui d'assister aux délibérations des magistrats de la République. Rien ne pouvait être plus mal choisi que cette salle, pour la destination qui lui a été assignée. Oblongue, manquant d'air, sourde, elle laisse la voix des députés s'épuiser en pure perte. Il est vrai qu'on a eu la mauvaise idée de charger l'architecte Falconieri des travaux que nécessitait l'installation de la capitale à Florence.

Quoiqu'à cette époque ce choix ait paru des meilleurs, les travaux ont été mal exécutés, mal dirigés, plus mal conçus encore. Les dépenses ont été énormes, et n'ont abouti qu'à un procès scandaleux.

La décoration nouvelle est du plus mauvais goût et encadre mal les magnifiques statues qui font le véritable ornement de cette salle. Passons-les en revue : d'abord un groupe de Michel-Ange, la Victoire sous les traits de Laurent de Médicis; puis la Vertu triomphant du Vice, de Jean de Bologne; deux Hercules de Vincenzo de Rossi; les statues de Cosme Ier, du duc Alexandre, de Clément VII et de Charles V, de Baccio Bandinelli.

Le plafond, dû au pinceau de Vasari, se compose de trente-quatre fresques représentant les faits les plus mémorables de l'histoire de Florence, et des Médicis ; c'est encore à Vasari qu'on doit l'ornementation des murailles, sauf toutefois, sur les côtés, quatre peintures sur ardoises, attribuées à Ligozzi, Cigoli et Passignano.

En somme, rien moins que cette salle n'était approprié à sa destination, et rien surtout n'était plus barbare que de marier des teintes uniformes à cette série de grandes pages artistiques; je ne m'en prends pas au pauvre architecte mis en cause; mais sans m'occuper des chefs plus sérieux qu'on lui reproche, je ne puis m'empêcher de protester contre le vandalisme des travaux exécutés sous sa direction et par ses ordres.

Les députés des diverses provinces d'Italie sont au nombre de 493. Ils représentent une population d'environ vingt-cinq millions d'âmes, la Vénétie comprise. La durée de leur mandat est de cinq ans, ils ne touchent aucune espèce d'indemnité et sont nommés par les électeurs, âgés d'au moins vingt-cinq ans, payant un petit cens de 40 francs. Quant aux prérogatives de la Chambre, elles sont à peu près les mêmes que celles octroyées par la charte française de 1830, à laquelle elles ont été empruntées. Le nombre des fonctionnaires civils et des officiers de l'armée ne peut pas excéder le cinquième de la Chambre ; mais les députés sont généralement assez indépendants ; quelques-uns siégent à l'extrême gauche. La physionomie générale n'est pas du tout la même que celle des Chambres des autres pays : pas de tribune ; les représentants parlent de leur place et les ministres répondent de même ; seulement ceux-ci occupent un banc à part, banc demi-circulaire placé en face des tribunes, et ils tournent le dos au président et au bureau.

La description que j'ai donnée se rapporte à son état présent, tel qu'il fut établi par les travaux, dont la direction avait été confiée à M. Falconieri.

Mais il paraît qu'on ne tardera pas à y faire des changements importants. Les inconvénients sont si graves, les plaintes des députés sont si fondées et si persistantes, qu'on a fini par comprendre qu'il était absolument indispensable de chercher au moins quelque remède pour les amoindrir. On a déjà mis un grand rideau en toile pour fermer entièrement la partie de la grande salle, qui est destinée aux députés. En vérité, cette grande toile blanche, qui constitue la moitié d'un des murs de la Chambre pourrait donner lieu artistiquement à bien des épigrammes ; elle contraste d'une façon piquante avec la sévérité de toute la salle, et les peintures des autres murs ; mais enfin elle a quelque avantage, puisqu'elle empêche la voix des orateurs de se perdre entièrement, comme elle se perdait auparavant ; c'est donc déjà un progrès, dont les députés doivent savoir gré à ceux qui en ont eu l'heureuse inspiration.

Mais on dit que les améliorations ne doivent pas s'arrêter à la toile blanche. On assure, qu'on a préparé un grand projet de réforme que l'on mettra à exécution aux premières vacances un peu longues de la Chambre.

Il s'agirait de fermer la Chambre par des grandes glaces, de déplacer les sièges du président et du bureau, de mieux serrer les bancs des députés de façon qu'ils puissent plus aisément faire entendre leur voix.

Certes, quoiqu'on fasse, on ne pourra pas gagner beaucoup du côté esthétique; ce ne sera que du replâtrage, et l'art protestera toujours contre la malheureuse idée de transformer la Chambre du grand Conseil construite sur les instances de Savonarole, en Chambre des députés du XIX° siècle !

Mais enfin l'esthétique ne doit venir qu'en second lieu et il faut d'abord qu'on puisse entendre, là où on a le droit de parler.

Je devrais maintenant parler des différents partis, qui existent dans la Chambre : je devrais dire un mot de la *droite*, de la *gauche*, du *centre*, et de toutes ces petites fractions qui se forment ordinairement dans un système parlementaire; je devrais enfin nommer aussi les députés les plus marquants de chaque parti. Mais il est impossible de donner une idée exacte à cet égard, sans entrer dans des considérations politiques, auxquelles je désire rester étrangère. D'ailleurs, s'il y a un Parlement, où il soit difficile et même presqu'impossible de bien saisir les différentes nuances des partis, c'est, à coup sûr, le Parlement italien dans les circonstances présentes. L'Italie n'a pas encore entièrement accompli son unité : Rome lui manque, Rome sa capitale. Elle est nécessairement entraînée à résoudre cette question, qui est pour elle une question de vie ou de mort. Et lorsqu'elle est agitée par les difficultés, que cette solution rencontre, elle doit encore songer à son administration intérieure et à ses finances. La révolution, qui s'est opérée dans les dernières années, et presque miraculeusement, en Italie, devait nécessairement causer une grave perturbation dans toutes les branches d'administration, et surtout dans les ressources nationales ; on ne peut pas arriver à détruire plusieurs gouvernements, à fondre ensemble différentes populations régies pendant des siècles avec des lois et des règlements particuliers, sans rencontrer des difficultés qui disparaîtront avec le temps, avec des lois sagement ordonnées, et surtout avec de grands sacrifices de part et d'autre. Or, lorsque la tâche est si grave, quand les problèmes intérieurs et extérieurs sont si difficiles à résoudre, ou si compliqués, embrassant des intérêts qui sont souvent en opposition entre eux, évidemment la formation des partis dans une assemblée ne peut être ni bien nettement prononcée, ni bien solidement constituée : elle doit nécessairement être ébranlée, et subir des modifications toutes les fois qu'on doit toucher l'une ou l'autre des questions graves et vitales qui s'agitent.

Mais ce que je tiens à constater, c'est qu'il n'y a

pas, il ne peut pas y avoir de parti révolutionnaire en Italie, dans le sens que l'on attache chez nous à ce mot. L'activité des esprits est absorbée tout entière par le mouvement de l'indépendance nationale. La plupart des causes de désordres propres à la France et à l'Angleterre lui manquent absolument. On ne trouve point en Italie cette haine entre les diverses classes, cette rivalité qui a produit la plupart de nos luttes civiles. Peut-être les mêmes maux, si longtemps soufferts en commun, ont-ils contribué à cette entente. L'Italie qui a peu d'ouvriers, est surtout un pays agricole, riche en vin, en soie, en riz, en mines, etc. ; elle doit prendre aussi son rang dans le monde commercial : ses traditions les tendances de sa population, son admirable situation topographique, tout l'y conduit ; mais elle deviendra difficilement manufacturière, sauf pour ses propres besoins. Donc, point de ces agglomérations d'ouvriers victimes de la concurrence, où les agitateurs trouvent leurs armées toutes prêtes. La fertilité du pays, la beauté du climat permettent à tous de vivre sans grande fatigue, comme sans grandes souffrances. Ces différences avec les nations du Nord sont incalculables dans leurs effets. Et puis, le peuple italien est très-pénétré, quoi qu'on dise, du sentiment religieux, et en outre, il est trop intelligent pour en venir à prendre au sérieux certains sophismes.

Il faut avouer, qu'à l'étranger on juge souvent bien mal les hommes de l'indépendance italienne. On les considère comme des démagogues farouches, qui bouleversent tout, et par lesquels l'ordre social peut courir de graves dangers. Heureusement il n'y a rien de tout cela : ces démagogues non-seulement n'existent pas en Italie et ne pourraient y acquérir aucune popularité, mais encore ils n'y seraient même pas compris. Si jadis, en 1858 et en 1859-60, les libéraux ont pu y soulever les populations, c'était au seul nom de la patrie, et pour faire la guerre à l'étranger. S'ils fussent venus parler de désorganisation ou de croisade contre la société, on se fût moqué d'eux. Longtemps encore cette résistance se maintiendra.

Nul n'ignore en Italie ces vérités. Et c'est pour cela que tout le monde a compris que le salut de la patrie n'était possible que par la maison de Savoie et la monarchie constitutionnelle ; c'est pour cela encore qu'il n'y a rien d'inconciliable entre les partis qui existent dans le pays et qui sont représentés à la Chambre ; quoique divisés en apparence ils ont le même drapeau, la même affection dynastique ; ils combattent pour la même cause, et les dissidences qui les séparent peuvent facilement s'oublier au lendemain du triomphe.

On voit, par ce que je viens d'indiquer sommairement, qu'il serait assez difficile de faire d'une manière complète et satisfaisante le recensement de la Chambre, de même que d'assigner à chaque député la place et le rôle qui lui conviennent exactement, de définir, enfin, le vote individuel.

LE SENAT.

—

Avant de mettre le lecteur en rapport avec le Sénat du royaume, il n'est pas sans intérêt de lui parler du local où le premier corps de l'Etat tient ses séances.

C'est dans le bâtiment voisin du vieux palais, où le grand-duc Cosme de Médicis avait jadis centralisé les bureaux administratifs et les tribunaux, que, par la grâce et la volonté de S. M. le roi Victor-Emmanuel, le Sénat a fait élection de domicile. On a trop parlé des *Uffizi* de Florence, pour qu'il soit permis d'en faire encore la description. Disons seulement que l'édifice commencé par Nasari et continué par Alfonso Parigi renferme assez de merveilles pour être digne de sa haute et nouvelle destination.

Je renvoie à tous les Guides pour le musée et la

disposition intérieure des galeries et je ne m'occupe que de la salle du Sénat : naturellement, comme au *Palazzo vecchio*, on a choisi la meilleure salle pour cette assemblée suprême. C'est dans l'ancien local de la cour grand-ducale et civile que siègent leurs Excellences Messieurs les Sénateurs. Il me coûte un peu de parler de la disposition générale, car c'est évoquer encore un souvenir pénible ; celui du malheureux architecte Falconieri qui s'est regrettablement trompé et qui en a été si sévèrement puni. La salle est d'aspect grandiose ; deux étages ont été réunis en un seul, un plancher ayant été supprimé. Les lois de l'acoustique ont été mieux observées que pour la Chambre des députés, et les orateurs, eussent-ils la voix la plus faible du monde, parviennent à s'y faire entendre.

L'aération est suffisante et les aises de chacun convenablement ménagées. Quant à l'ornementation intérieure, elle est assez sobre, et je l'en loue. Le plafond est la reproduction du style étrusque et ne manque pas de cachet ; mais il a été construit de façon qu'il pouvait facilement tomber ; heureusement on s'aperçut à temps de ce mouvement qui pouvait ensevelir les Sénateurs sous les décombres, pendant qu'ils siégeaient, et on put y remédier ; quant aux peintures murales, la plupart sont trop dans le goût moderne pour qu'il y ait lieu d'en faire la description, surtout à Florence, où l'antique seul est de convention et a droit de cité.

Le seul reproche, ou pour mieux dire la seule critique qu'il y ait lieu de formuler (critique vénielle après tout) c'est que l'ensemble de la salle du Sénat affecte un aspect trop gai, trop vivant. Un peu plus de gravité, de sérieux eut été, à notre sens, mieux approprié aux séances du premier corps du royaume.

Le Sénat est constitué presque comme la Cour des Pairs en France, sous le règne de Louis-Philippe. Les sénateurs sont nommés par le roi, à vie ; leur nombre est illimité ; ils doivent avoir quarante ans accomplis, sinon pour siéger, au moins pour donner leur vote. Le roi doit les choisir dans une des catégories qui sont particulièrement indiquées par le statut. Les princes de la famille royale font, de droit, partie du Sénat, à 21 ans, mais ils ne peuvent voter qu'à l'âge de 25. Ils ont le droit de siéger immédiatement après le président qui est nommé aussi par le roi.

Actuellement le nombre des sénateurs dépasse trois cents. Ce nombre est peut-être trop grand si l'on tient compte du caractère de ce corps politique, des conditions qui sont requises par la Constitution, et si on le rapproche du nombre des députés ; mais il est facile de s'expliquer la nécessité dans laquelle le Gouvernement du roi s'est trouvé de nommer un si grand nombre de sénateurs si l'on considère les phases de la révolution dont le royaume d'Italie est récemment issu. Ce royaume s'est constitué par les annexions des différentes provinces italiennes et ces annexions eurent lieu à diverses reprises en 1859 et de 1860 à 1866. Le Sénat existait en Piémont depuis 1858 ; il fallut donc à chaque annexion récompenser dignement ceux qui s'étaient dévoués pour la grande patrie italienne. Le Sénat, et par sa constitution et par le fait même que ses membres sont une émanation du pouvoir exécutif, le Sénat, dis-je, est un corps éminemment conservateur et destiné à modérer quelquefois les délibérations de la Chambre élective. Il ne faut donc pas s'étonner si dans cette assemblée on ne rencontre pas cette vie, cette vivacité qui doivent nécessairement exister dans la Chambre des députés. On peut même dire que la division des partis proprement dite n'y existe pas.

Il faut avouer cependant que ce corps, dont les membres sont si nombreux, compte dans son sein les plus grandes illustrations d'Italie. Tous les hommes célèbres dans les sciences, les arts et les lettres, tous les citoyens qui ont consacré leur vie à l'administration, ou qui ont rendu d'éminents services au pays, ont leur siége au Sénat. On y salue les

Gino Capponi, les Alfieri, les Bufalini, les Manzoni, les Matteucci, les Cibrario, les Paleocapa, les Sclopis di Salerano, les Sagredo et bien d'autres. Pour ma part, je regrette cependant de ne pas voir siéger dans ce panthéon de toutes les gloires italiennes, l'éminent historien César Cantù. Il faut reconnaître que les sciences, les arts, les études approfondies, apanage des hommes qui ont consacré presqu'entièrement leur vie à l'administration de l'Etat méritent bien cette haute distinction.

Les sénateurs étant nommés à un âge mur et à vie, il s'en suit que les rangs se déciment tous les ans, et quelquefois d'une façon effrayante.

M. FRANÇOIS CRISPI

DÉPUTÉ AU PARLEMENT ITALIEN.

—

Considérez attentivement cette tête énergique dont la partie supérieure, large et bien développée, peut facilement contenir le cerveau d'un penseur ; examinez cette physionomie mâle et sévère qui réunit, dans son ovale allongé, le regard profond de l'Africain, la narine mobile du Grec, et les traits fermes et nets du Romain ; étudiez avec soin cet ensemble singulier dont l'aspect est saisissant et vous y reconnaîtrez sans peine le type véritable de la race sicilienne, mélange des trois plus fortes races de l'antiquité.

Cette tête est celle de M. Crispi.

J'ignore si M. Crispi descend, ainsi qu'on l'a dit, d'un certain Crispus, tige d'une famille patri-

cienne qui jouit pendant longtemps d'un crédit
considérable en Sicile ; quoiqu'il en soit de l'authenticité de son arbre généalogique, M. Crispi
peut se passer de l'illustration de ses aïeux ; en résumé, il est peut-être un rejeton, mais à coup sûr
il est lui-même un ancêtre.

M. Crispi est né le 4 octobre 1819 à Ribera, province de Girgenti, en Sicile ; il fit ses études à Palerme, où il commença à exercer la profession
d'avocat ; bientôt les luttes du barreau ne furent
plus suffisantes pour alimenter l'énergique activité
du jeune homme ; la situation politique de la Sicile
était déplorable, une animosité violente existant
entre les populations de l'île et les populations du
continent napolitain ; Crispi quitta Palerme et se
rendit à Naples ; il se lia avec Poerio et tous les
illustres patriotes qui payèrent de leur fortune, de
leur sang, de leur vie même, l'ardent amour qu'ils
avaient pour la liberté ; grâce à leur concours
commun les dissentiments qui s'étaient élevés entre
les Napolitains et les Siciliens avaient disparu, et
bientôt les patriotes des deux provinces se mirent
d'accord pour tenter de secouer le joug de la tyrannie. En décembre 1847, Crispi revint à Palerme
pour provoquer le mouvement qui bientôt éclata ;
le 14 janvier 1848 il fut nommé secrétaire du comité de défense ; le 25 mars suivant il entra, comme

député de Ribera, au Parlement sicilien qui venait de s'ouvrir, et le 13 avril il signait l'acte de déchéance des Bourbons.

Le 14 avril 1849, lorsqu'il s'agit de s'entendre de nouveau avec Ferdinand, Crispi s'opposa de toute sa force à la conclusion de cet accord, et la réaction ayant triomphé, il se rendit en France et de là en Piémont où il se fixa jusqu'en 1853, époque à laquelle il fut arrêté, puis expulsé des états sardes. Il se réfugia d'abord à Malte, mais contraint de s'enfuir au mois de décembre 1854 il vint chercher un abri en Angleterre.

En 1856, l'exilé quitta la Grande-Bretagne et vint à Paris ; le 14 janvier 1858 il fut arrêté, mais il fut presque immédiatement mis en liberté. Au mois d'août de la même année il fut, sur l'ordre du ministre Delangle, expulsé du territoire français et il prit de nouveau la route de l'Angleterre, qu'il quitta pour se rendre à Lisbonne, d'où il revint bientôt à Londres. Au mois de juillet 1859, Crispi résolut de revenir en Italie ; il se déguisa, prit un faux nom et parcourut en touriste le Napolitain et la Sicile ; il chercha à organiser une insurrection qui ne put triompher ; mais il eut assez d'adresse pour échapper à la vigilance de la police bourbonnienne et il s'embarqua pour le Pyrée s'arrêtant à Malte, puis abordant à Gibraltar. Alors il parcourut l'Espagne, passa les Pyrénées, traversa la France et revint en Piémont où il obtint de M. Ratazzi, ministre de l'intérieur, la permission de se fixer. Ce fut alors qu'avec Rosolino Pio et Bertani il prépara l'expédition que devait commander Garibaldi.

Le 4 mai 1860, Crispi s'embarquait avec les *Mille*; il était accompagné, dans cette héroïque campagne, par Mme Crispi, qui n'hésita pas à affronter les fatigues et tous les dangers de cette merveilleuse expédition. A Talamone, Crispi fut nommé sous-chef d'état-major des Mille. Le 11 mai il débarquait à Marsala, où il constituait, au nom du dictateur, un gouvernement provisoire, et le 13 il formulait le décret par lequel la dictature était prise par Garibaldi, au nom de Victor-Emmanuel, roi d'Italie.

Chaque jour de ce mois de mai est miraculeux : chaque page de cette épopée est légendaire!

Le 14 mai, Crispi faisait signer, par le dictateur, le décret de la réorganisation militaire; le 15, il était à Catalafimi; le 17, il rédigeait le décret abolissant le macinato et les lois contraires à la liberté; le 27, il entrait dans Palerme à la tête d'un corps de volontaires. Le gouvernement sicilien constitué, Crispi fut nommé ministre de l'intérieur le 3 août, et il conserva son portefeuille jusqu'au 4 septembre ; il partit alors pour Naples avec Garibaldi; on le nomma ministre des affaires étrangères. Après la proclamation du plébiscite, Crispi résigna ses pouvoirs et retourna en Sicile. Bientôt il quittait l'île de nouveau pour venir siéger au Parlement en qualité de député de Castelvetrano.

Quand on songe à l'énergie physique et morale dont un homme doit être doué pour ne pas succomber aux péripéties d'une vie pareille, on ne peut se refuser à payer à M. Crispi un juste tribut de sympathique admiration. Qui racontera dignement cette odyssée? Qui pourra dire les espérances, les angoisses, les fatigues, les misères, les dangers d'une semblable existence? Que de nuits sans sommeil ! Que de jours sans pain, pendant ces fuites précipitées dans les bois, sur les montagnes, pour se soustraire aux recherches des agents de toute la police de l'Europe ! Et puis quelle activité fiévreuse, quel ensemble de connaissances et d'aptitudes exigent ces péripéties ; — à l'étranger il fallait vivre ! — en Italie il fallait, tout en se cachant, ranimer le courage des timides et calmer l'ardeur des impatients ! — pendant la lutte il fallait faire le coup de feu, commander des troupes, organiser les services, établir des gouvernements, abroger des lois, en proposer des nouvelles, oublier les allures du conspirateur pour se plier aux exigences de la diplomatie ; — puis enfin, lorsque le but est atteint et quand l'indépendance et la liberté de la patrie sont conquises, il faut élaborer les lois, les étudier, les discuter. Il faut changer de rôle, il faut d'homme d'action devenir homme de pensée ; il faut de conspirateur devenir législateur.

M. Crispi n'a pas failli à son mandat. C'est un des représentants les plus assidus aux séances ; de la Chambre depuis 1860 il a fait partie de toutes les législatures ; plusieurs fois même il fut nommé dans différents colléges, et ses électeurs peuvent être certains d'avoir en lui un chaleureux et impartial défenseur. Vétéran des luttes de la liberté, M. Crispi siége au centre de la gauche dont il est un des chefs les plus autorisés ; c'est grâce à ses efforts persévérants que la gauche, qui comptait à peine trente voix en 1861 dans le Parlement, se trouve aujourd'hui la partie la plus nombreuse de la Chambre.

Le nom de M. Crispi a figuré avec honneur dans toutes les luttes parlementaires qui ont eu lieu, en Italie, depuis huit ans. Comme orateur, Crispi a les instincts et les allures du tribun ; sa parole est vive, imagée, énergique et spirituelle ; sa voix puissante et sonore a parfois des inflexions sarcastiques qui donnent à ses discours une saveur tout-à-fait spéciale.

Depuis un an la manière oratoire de Crispi s'est modifiée ; sa fougue s'est tempérée ; les mouvements à effet, les accents de la passion ont fait place aux considérations élevées, à l'argumentation solide et raisonnée ; l'orateur est devenu maître de sa parole et surtout maître de son premier mouvement, qu'autrefois il ne savait pas modérer.

Ainsi que tous les hommes forts qui ont lutté et souffert, Crispi est extrêmement bon ; il est honnête, franc, loyal, son abord est sympathique, sa poignée de main est spontanée et cordiale ; ce n'est pas seulement un grand patriote ; ce n'est pas seulement un grand avocat (un des premiers de Florence) : c'est surtout un homme de cœur.

SÉBASTIEN TECCHIO.

—

Est-ce un des sept sages de la Grèce? Solon ou Thalès de Milet?

Est-ce un de ces sénateurs romains que Brennus trouva sur leurs chaises curules, prêts à mourir?

Est-ce saint Jean de Patmos ou saint Jérôme, tel que dans un songe il apparut au Corrège? ou bien encore est-ce quelque Vendramin ou quelque Malipieri dont Titien a immortalisé le type?

Telles sont les questions que chacun s'adresse à l'aspect de cette physionomie empreinte de la mélancolie majestueuse qui caractérise le législateur et l'apôtre, le doge et le patriarche.

Sébastien Tecchio naquit à Vicence en 1806; en 1820 il avait 14 ans; l'Europe sortait à peine de cette crise douloureuse et féconde, provoquée par l'enfantement de la liberté. Après avoir vu les rois se ruer inutilement sur un peuple, nos pères avaient assisté à cette sombre tragédie de 1815 où les peuples se ruèrent sur un roi. L'ébranlement causé par ces luttes gigantesques, tout en laissant de fortes traces, avait créé un impérieux besoin de paix et de repos. Le prestige militaire avait disparu ; l'utilité du soldat avait cessé d'exister ; ce n'était plus le temps des aspirations guerrières ; il fallait renoncer à ces beaux rêves où l'on voyait luire à travers l'atmosphère embrasée des batailles, les brillants uniformes, les blanches aigrettes, les manteaux chamarrés d'or, les épaulettes resplendissantes et les glands dorés des trônes. Aussi la jeunesse de cette époque changea de goût et d'instinct ; elle comprit qu'à l'action devait succéder la parole et que, suivant l'aphorisme latin, il fallait que les armes fissent place à la toge ; Sébastien Tecchio obéit aux idées nouvelles et se destina au barreau.

Il fit ses études à l'université de Padoue ; à peine reçu avocat, il quitta la ville universitaire et vint exercer sa profession, d'abord dans une petite ville de la province de Vicence, puis à Vicence même.

Grâce à sa parole facile, à l'aménité de son caractère, à sa distinction native, Tecchio conquit bientot une juste célébrité. En 1848 il jouissait d'un prestige et d'une popularité qu'il sut utiliser au

profit de la cause nationale ; il se mit résolument à
la tête du mouvement insurrectionnel de Vicence ;
il le fit naitre et le dirigea dans le sens des aspirations unitaires ; ses efforts furent couronnés de succès, car la province de Vicence déclara par un
plébiscite qu'elle voulait s'unir au Piémont et à la
Lombardie sous le sceptre de la maison de Savoie:
ce fut Tecchio qui fut chargé par ses concitoyens
de porter à Charles-Albert le résultat du plébiscite.
Il partit heureux et fier d'une mission qu'il avait
bien mérité ; mais hélas ! il ne devait revenir que
bien longtemps après, dans cette ville qu'il adorait. Pendant son absence, les Autrichiens avaient
repris Vicence et comprimé la révolution. L'ardent
patriote ne voulut plus retourner dans un pays soumis à l'étranger ; exilé volontaire il adopta le Piémont comme une nouvelle patrie. Le Piémont ne
fut pas ingrat, car un collége piémontais le choisissait immédiatement pour député, et bientôt
Tecchio faisait partie, comme ministre des travaux
publics, du cabinet Gioberti.

Après la défaite de Novare, défaite dont on n'a
jamais bien compris les causes et les résultats, funestes en apparence, mais glorieux et féconds en
réalité, Tecchio quitta le ministère. Il se fit ensuite
naturaliser piémontais et fut nommé député par le
collége de Carmagnola qui lui maintint son man-

dat pendant toutes les législatures qui se sont succédé depuis 1849 jusqu'en 1866. A cette époque, les vœux de l'exilé furent enfin exaucés, la Vénétie fut réunie au royaume italien, et ce fut en qualité de sénateur du nouveau royaume que Tecchio partit pour Venise afin d'aller y chercher le résultat du plébiscite par lequel le peuple vénitien en 1867, comme en 1848, déclarait qu'il confiait ses destinées à l'illustre maison de Savoie.

Quel dut être son orgueil! quelle dût être son ivresse! lorsque après avoir parcouru librement le pays où ses aspirations l'appelaient en vain depuis tant d'années, l'exilé triomphant revint dans sa patrie d'adoption, apportant à son roi l'expression des vœux de tout un peuple! comme ils devaient être précipités les battements de ce noble cœur lorsque, à Turin, sur la Place-du-Château, après avoir remis à Victor-Emmanuel le résultat du plébiscite, le Vicentin, naturalisé prémontais et devenu Italien, s'entendait appeler à grands cris par une population enthousiaste accourue pour saluer de ses acclamations un des types les plus complets du patriotisme et de l'honnêteté.

Comme député, Tecchio siégeait au centre gauche; il occupa plusieurs fois le fauteuil de la présidence, notamment en 1862, lorsque M. Rattazzi de président de la Chambre devint président du Conseil.

Je ne veux pas entrer dans les détails de la vie parlementaire de Tecchio; j'aurais trop à dire, car il a pris part à toutes les discussions importantes dont les parlements subalpin et italien ont été le théatre; je rappellerai seulement le magnifique discours qu'il prononça en 1864 contre la convention de septembre.

On croyait que Tecchio payait ainsi un juste tribut de reconnaissance à la ville de Turin qui n'avait pas hésité à nommer le Vénitien, quoiqu'il appartint à une autre province du royaume, conseiller municipal; on se trompait : l'homme politique avait compris les dangers de cette convention et il les signalait en honnête homme : sans tenir compte de ses sympathies personnelles ou des intérêts municipaux, intérêts respectables sans doute, mais qu'il savait devoir être toujours subordonnés aux intérêts publics.

En 1867, Tecchio était, ainsi que je l'ai dit plus haut, sénateur du royaume; il était en outre président de la Cour d'appel de Venise; sa vie politique, comme on le voit, avait été bien remplie; il vivait heureux, tranquille, considéré; il avait, pour ainsi dire, renoncé aux luttes parlementaires, aux soucis de la politique; il était si haut placé dans l'estime publique et dans la vie sociale qu'il n'avait plus rien à désirer; tout à coup il reçoit une dépêche d'un ami ; cette dépêche était de M. Rattazzi qui, chargé de constituer un ministère, faisait appel au dévouement du grand citoyen. La réponse ne se fit pas attendre ; sans s'inquiéter des joies qu'il abandonne, ni des regrets qu'il va laisser ; sans songer aux difficultés de toute nature qui l'attendent, aux fatigues, aux dangers mêmes d'une position qu'il était loin d'ambitionner, Tecchio répondit immédiatement, simplement et laconiquement comme un homme qui ne transige pas avec le devoir : *j'accepte.*

Ce dernier trait complète l'homme ; que dire de plus à son honneur ?

J'oubliais un détail ; Tecchio a eu quatre fils ; tous les quatre ont embrassé la carrière militaire, tous ont combattu dans ces derniers temps pour l'indépendance de l'Italie ; l'un d'eux est mort au champ d'honneur.

La terre qui produit de semblables personnalités n'est certes pas la terre des morts.

LE GÉNÉRAL
JACQUES DURANDO.

—

Issu d'une famille honorable, appartenant à la bourgeoisie, et s'en faisant gloire, Jacques Durando est né à Mondovie (Piémont), en 1808. Formé de bonne heure aux idées comme aux traditions libérales, il suivit les cours de l'école de droit et fut reçu docteur à Turin en 1829. Mais la jurisprudence n'était pas sa voie, le barreau lui répugnait, la chicane lui était odieuse, il aima mieux obéir à sa vocation. Or, à cette époque, l'Italie se trouvait dans de singulières conditions politiques; deux grandes provinces, la Lombardie et la Vénétie gémissaient encore sous le joug autrichien et le reste de la Péninsule, divisé, fractionné, morcelé, sous des gouvernements despotiques, obéissait à un mot d'ordre venu de Vienne. En Piémont régnait encore Charles-Félix, le dernier roi de la branche aînée de la maison de Savoie Ce prince, dont l'histoire se plaît à reconnaître le bon sens et l'esprit pratique, dont les bonnes intentions ont été constatées par tous les hommes de son temps, aussi bien que les bonnes qualités, n'avait point cependant été élévé comme doit l'être un futur souverain. Son éducation avait subi plutôt l'influence du passé que celle du présent et de l'avenir. En dépit de ses aspirations instinctives, c'était un esprit rétrograde. Il était impossible que les Italiens pussent accepter un semblable état des choses, résultant des traités de 1814 et de 1815 que sanctionnait et soutenait l'immuable alliance de leurs princes avec l'Autriche; aussi conspirait-on partout dans le double but de secouer le joug insupportable de la maison de Hapsbourg et d'arriver à vivre librement sous un régime d'institutions libéralement nationales. En quittant les bancs de l'école, Jacques Durando était conspirateur (début obligé de toutes les intelligences et de tous les patriotismes de notre époque.) Mais il ne pouvait se résigner à un rôle secondaire; grâce à sa haute intelligence, à son esprit aussi chevaleresque qu'entreprenant, il devint bientôt l'un des chefs du mouvement entre les mains desquels la jeune Italie remettait ses destinées. Le jeune patriote rédigea à cette époque un *memorandum* dans lequel il attaquait violemment le gouvernement et ses actes. Ce factum imprimé clandestinement, fut cependant, malgré la police, distribué à un grand nombre d'exemplaires et il produisait sur l'opinion publique une grande impression.

En 1830, la révolution éclatait en France et exaltait les espérances de l'Italie, qui put se croire un instant arrivée au moment de secouer le joug de l'oppression étrangère ; mais l'espoir était prématuré, le temps n'était pas encore venu ; on sait quelle fut l'issue de la révolution de juillet, et comme la police, mise en éveil par la trahison ou l'imprudence de plusieurs, fit échouer les plus vaillants efforts et mit la main sur les principaux chefs de la conspiration. Naturellement les premières poursuites furent dirigées contre Jacques Durando et contre son frère Jean, alors garde-du-corps royal, aujourd'hui général et sénateur.

L'heure de l'exil avait sonné ; il fallait demander sous peine de vie ou de Spitzberg, l'hospitalité à des cieux étrangers ; mais là, comme sur le sol natal, Jacques resta fidèle à la cause de l'indépendance et de la liberté ; impuissant alors à les conquérir pour son pays, il voulut partout ailleurs s'adjoindre à la phalange sacrée et apporter son grain de sable au monument. En 1831, c'est la Belgique qui se révolte. Durando n'hésite pas à y courir, réclamant sa place, au premier rang des soldats de la cause libérale. La Belgique, pacifiée et devenue royaume indépendant, il franchit comme d'un bond la France et les Pyrénées et vient en Portugal se réunir à Cialdini, à Medici et à vingt autres émigrés Italiens comme lui et, comme lui, dévoués au principe du progrès et de l'indépendance. Les services qu'il rendit dans la Péninsule ibérique à cette époque furent de telle nature qu'il en revint avec l'estime de tous, amis ou adversaires, des distinctions de tout genre, et le grade de colonel.

Mais ce n'était pas seulement son épée que Jacques Durando mit au service de la liberté, il maniait la plume avec trop de talent et de facilité pour ne pas en faire une arme patriotique. C'est de l'exil, c'est de l'Espagne qu'est daté son livre sur la *nationalité et l'indépendance de l'Italie*, livre resté justement célèbre ; car, si, lu à distance, alors même qu'on tient compte des événements qui se sont passés dans l'intervalle, ses appréciations paraissent un peu timides et semblent amoindries, il n'en professait pas moins alors des doctrines d'une grande hardiesse. Durando demandait une nouvelle répartition du territoire de l'Italie, ne voulant pour souverains locaux que des princes Italiens ; toute affiliation autrichienne était rigoureusement proscrite ; au pape il promettait l'île de Sardaigne, comme dédommagement de Rome, devenue capitale de l'Etat péninsulaire. Dans un temps où personne ne s'occupait de l'Italie, où tout le monde était bien convaincu qu'elle était destinée à subir à jamais le sort que lui avaient imposé les traités de 1815, ce livre qui soulevait et discutait la question italienne était assurément un acte de patriotisme et de courage ; aussi, quoique toutes les idées qui s'y trouvaient développées ne fussent pas d'accord avec les aspirations de l'Italie d'alors, sa publication fit une grande sensation et il acquit à son auteur de nouveaux titres à l'estime et aux sympathies de son pays. C'est un de ces ouvrages qui, comme le *Primato* de Gioberti, les *Speranze d'Italia* de Cesaro Balbo, *I Casi di Romagna* de Massimo d'Azeglio, ont le plus contribué à tenir en éveil l'esprit public et à précipiter le mouvement définitif qui devait donner l'indépendance à l'Italie, mouvement en prévision duquel les princes Italiens consentaient en 1847 à des réformes et en 1848 octroyaient une constitution.

A peine des concessions furent-elles faites au Piémont par Charles-Albert, que Jacques Durando exilé depuis longtemps, revint dans sa patrie. Avec le concours de quelques amis, patriotes comme lui, il fonda le journal l'*Opinione*, le plus ancien peut-être de tous les organes de publicité qui se lise aujourd'hui en Italie; passé dans d'autres mains, il a toujours conservé un grand caractère d'autorité; et cela, à cause de la persévérante application de son principe et pour la justesse de ses appréciations que pour son estimable modération.

Au mois de mars 1848, Charles-Albert signait le *Statut*, les comices électoraux étaient convoqués et Jacques Durando nommé député presque à l'unanimité par un des colléges de sa province. Le Parlement réuni, il en était élu vice-président; mais en même temps éclatait la guerre entre le Piémont et l'Autriche, et le député de Mondovi aurait cru manquer au plus sacré de ses devoirs en ne réclamant pas l'honneur d'y prendre une part active. Son nom figure honorablement dans tous les faits d'armes de la première campagne, malheureusement terminée par la défaite de Custozza et l'armistice de Milan qui remit, en août 1848, aux mains de l'Autriche, les provinces lombardes et vénitiennes, déjà occupées par l'armée piémontaise. Au moment de la défaite de Custozza, Durando se trouvait à la tête d'un petit corps d'armée à Forre di Rufo; il fallait en sortir à tout prix, quelque grandes que fussent les difficultés à surmonter, quelque nombreux que fussent les dangers à courir ; l'habileté et la prudence du chef firent merveille et les troupes qu'il commandait rentrèrent honorablement saines et sauves en Piémont. Le roi récompensa la belle conduite de Durando en le nommant major-général, et en fit son aide-de-camp. C'est en cette qualité qu'il assista à la bataille de Novare, ne quittant pas Charles-Albert, et le couvrant de son corps, lorsque le chevaleresque souverain s'élançait au-devant des bataillons autrichiens, préférant la mort au spectacle de son armée vaincue, à la perspective de l'Italie rendue à la domination étrangère.

Après l'abdication de son père, le jeune roi Victor-Emmanuel attacha à sa personne, au même titre, Jacques Durando ; mais la guerre était terminée et l'aide-de-camp de Sa Majesté, élu de nouveau député, reprit avec ardeur ses travaux parlementaires. S'agrégeant aux conservateurs libéraux il prit part à toutes les discussions d'actualité et sut faire accepter l'autorité de sa parole par tous les partis qui l'écoutèrent avec déférence. A propos d'une des questions les plus graves qui furent agitées dans le Parlement subalpin, l'expédition de Crimée, Jacques Durando prononça un discours très-remarquable et qui eut une grande influence sur la délibération de la Chambre.

Lorsque nos troupes partirent pour se joindre à l'expédition anglo-française, et que le général La Marmora, alors ministre de la guerre, en eut pris le commandement, Durando fut appelé par la volonté du roi à le remplacer au ministère. C'était un héritage difficile qu'il acceptait là, car il fallait avant tout songer à l'armée d'Orient et pourvoir à ses besoins ; il apporta cependant dans l'exercice de son mandat tant de zèle et de dévouement qu'il put parer à tout, sans négliger cependant son mandat politique.

C'est vers cette époque que fut soulevée pour la première fois la question de la suppression des corporations religieuses, question qui amena de violents orages et ce fut, grâce au libéralisme ferme et prudent de Jacques Durando, que la loi ne fut pas retirée, que le ministère, la royauté même ne furent pas ébranlés.

Au retour du général La Marmora, Jacques Durando quitta le ministère ; successivement ambassadeur à Constantinople, sénateur du royaume, ministre des affaires étrangères, après une période de repos, que l'état de sa santé avait rendue nécessaire, il accepta dans ces dernières années le commandement de Naples et plus tard fut nommé préfet de cette province ; mais la retraite du cabinet dont il tenait ses pouvoirs et le retour des troupes françaises à Rome le décidèrent à donner sa démission. N'était-ce pas lui qui avait dicté après Aspromonte cette fameuse circulaire qui disait si nettement que l'Italie ne renonçait pas à Rome? Je m'arrête.... Si dans cette courte notice j'ai été sobre d'appréciations, si je m'en suis tenue à l'historique d'une vie si bien remplie, c'est qu'à propos de certains hommes les faits ont plus d'éloquence que les éloges : *non ad probandum sed ad narrandum scribitur*.

LE SÉNATEUR
COMTE LOUIS CIBRARIO.

—

Parmi les hommes d'Etat qui depuis le commencement du 19ᵉ siècle ont joué en Italie un rôle considérable, il en est quelques-uns dont la personnalité s'affirme et se distingue par la diversité de leurs aptitudes. Cette particularité a du reste toujours été le privilége de la race italienne; les grands hommes de la Renaissance étaient propres à tout; ce n'est pas seulement, ainsi que l'a dit Alfieri, la plante *homme*, c'est encore l'intelligence *homme* qui, en Italie, plus que partout ailleurs croît vigoureuse et féconde. Massimo d'Asseglio était poëte, orateur et peintre, Cesare Balbo fut ambassadeur, ministre de l'intérieur, et président de l'académie des sciences.

Le comte Louis Cibrario, après avoir, comme

homme d'état, pris une part active à la direction des affaires publiques, consacre les loisirs d'une verte vieillesse à des études économiques, historiques et scientifiques. Ce qui frappe surtout à l'aspect de cette physionomie, essentiellement sympathique, c'est le mélange de bienveillance et de finesse dont elle est empreinte ; cette figure un peu ronde qu'anime la vivacité du regard et sur laquelle s'épanouissent la bonne humeur et la bonté, fait penser au portrait qu'Horace a tracé.

M. Louis Cibrario est le dernier rejeton d'une vieille famille piémontaise qui fut anoblie au dix-septième siècle. Il est né en 1804 ; en 1818 il obtetenait au concours une bourse au collége provincial de Turin ; en 1820 il célébrait dans une ode remarquable par le style et la pensée, la naissance du roi Victor-Emmanuel ; en 1821 il reçut le titre de lauréat en belles-lettres ; en 1824 il fut nommé docteur en droit. A partir de ce moment, le jeune Cibrario mêla l'étude de la politique à ses travaux littéraires ; lié avec les Alfieri, les Sclopis, les Sauli, les Pinelli, il ne tarda pas à faire apprécier l'étendue de ses connaissances et la finesse de son jugement ; aussi, en 1831, lorsque Charles-Albert monta sur le trône, Cibrario fut de la part du nouveau roi l'objet d'une amitié tout-à-fait spéciale ; en 1839 il fit partie de la commission chargée de préparer les bases d'un traité avec l'Autriche sur la propriété littéraire ; il avait été choisi pour remplir cette mission, parce que, depuis 1833, il était membre et secrétaire de l'Académie royale des sciences de Turin. En 1847, Cibrario publia une brochure qui fit une profonde sensation dans toute l'Italie ; cette brochure était intitulée *Pensieri sulle riforme del Re Carlo-Alberto ;* en 1848 il fut envoyé avec le général Colli, en qualité de commissaire extraordinaire à Venise, et le 7 août de la même année il prenait, au nom du roi, possession de la ville des Doges, qui venait de se donner au Piémont. A la nouvelle de l'armistice de Milan, une insurrection éclata à Venise ; les deux commissaires piémontais se comportèrent avec une telle énergie, une telle loyauté qu'ils furent proclamés unaniment dignes de porter les noms d'Italiens ; à son retour, Cibrario fut nommé sénateur du royaume. L'amitié dont il avait été honoré par le roi Charles-Albert le fit choisir par le Sénat pour porter à l'exilé d'Oporto une adresse de regrets et d'hommages ; il était accompagné dans cette noble, mais douloureuse mission, de M. Rattazzi qui avait reçu de la Chambre des députés le même mandat. En 1825, Cibrario fut nommé grand-maitre de l'ordre des S. S. Maurice et Lazare, puis ministre des finances, puis ministre de l'instruction publique, puis enfin, en 1855, ministre des affaires étrangères. Ce fut alors que l'homme politique fit voir par l'insistance qu'il mit à conseiller l'alliance du Piémont avec l'Angleterre et la France, combien justes étaient ses appréciations et ses vues. Il avait deviné qu'en s'alliant aux deux puissances occidentales, le Piémont en faisait ses obligées. Après le traité de Paris, M. Cibrario, secrétaire de la politique active s'occupa presqu'exclusivement de ses travaux littéraires et scientifiques. Il n'en continua pas moins à suivre assidûment les séances du Sénat où il fut appelé plusieurs fois à prendre la parole, notamment lors de la discussion relative à la cession de Nice et de la Savoie. En 1860, il fut nommé ministre d'Etat et, en 1861, il reçut *motu proprio* des mains du roi le titre et la dignité de comte transmissibles à ses descendants.

Le comte Louis Cibrario est peut-être l'homme d'Etat d'Europe le plus décoré ; cela tient à ce que ainsi que je l'ai dit au commencement de cette esquisse, il n'est pas seulement un homme politique remarquable, il est en outre un savant distingué, un historien érudit, un littérateur plein de goût et de plus un homme d'infiniment d'esprit.

LE DUC DE SAN-DONATO.

DÉPUTÉ.

Parmi les hommes qui ont joué au commencement du dix-septième siècle, un rôle politique en en France, il en est un dont la personnalité s'est affirmée d'une façon saisissante.

Né sur les marches du trône, intelligent, spirituel, audacieux, entreprenant, plein d'humour et de fantaisie, profondément dévoué à son pays, armé d'une popularité sans exemple et qu'il devait à sa bravoure autant qu'à son affabilité, poursuivi sans relâche par la haine jalouse d'un ministre aussi puissant qu'habile, — le cardinal Mazarin ; — emprisonné comme un conspirateur, proscrit comme un prétendant, exécré de l'aristocratie, aimé des femmes, adoré du peuple, cet homme eut l'étrange bonne fortune de conserver malgré ses échecs, et, ce qui est plus rare, malgré ses succès, un prestige dont il ne se servit qu'au profit de ses amis ; il se nommait le duc de Beaufort.

Le duc de San-Donato offre, par son caractère et sa personnalité, une grande analogie avec le petit-fils d'Henri IV.

Fils du duc de Malvito, San-Donato est né à Naples en 1824. La noblesse de son origine, le crédit de sa famille, ses grandes relations, ses alliances assuraient au jeune homme une position des plus brillantes ; il pouvait aspirer aux plus hautes charges de la Cour, aux fonctions gouvernementales les plus élevées, mais il aimait sa patrie, il la voulait heureuse et libre, c'est assez dire que le despotisme de Ferdinand lui faisait horreur.

Compromis en 1847, le jeune duc de San-Donato fut jeté en prison avec Poerio, Bella Caracciolo, le duc Proto et d'autres illustres patriotes ; il en sortit en 1848 ; il fut nommé chef de bataillon de la garde nationale et prit part aux journées des barricades ; proscrit à la fin de la même année, il se réfugia en Piémont, puis en France, et ne revint à Naples qu'en 1860.

Sa bonté, sa bienveillance, ses manières affables

et courtoises, son patriotisme et son désintéressement lui avaient conquis de nombreux amis et d'ardentes sympathies ; aussi ce fut avec de véritables transports de joie que fut accueilli son retour. On avait, malgré sa longue absence, gardé le souvenir des sacrifices qu'il avait faits pour la liberté ; Garibaldi voulut immédiatement récompenser le patriote en lui donnant l'occasion d'utiliser son influence ; il lui proposa différentes fonctions dont l'importance était mesurée à l'intelligence et à l'honnêteté de San-Donato ; il lui offrit, entre autres directions, celle de la Banque de Naples. San-Donato n'accepta que deux charges non rétribuées ; le grade de colonel dans l'état-major de la garde nationale napolitaine, et la surintendance générale des théâtres de Naples.

Ces deux fonctions étaient extrêmement délicates : comme colonel d'état-major de la garde nationale, San-Donato rendit à son pays des services signalés ; ce fut grâce à lui, à son urbanité, à sa tolérance, à son tact exquis que bien des conflits furent évités ; comme surintendant des théâtres, il fit disparaître la camorra de San-Carlo, ce qui lui valut un coup de poignard dont il faillit mourir.

San-Donato est député depuis 1861 ; il a été réélu trois fois par le même collége, et de plus choisi par d'autres circonscriptions électorales ;

il est, en outre, conseiller municipal, conseiller provincial, député provincial, président de la société de bienfaisance ; il fait, en somme, partie de tous les corps dont les membres sont soumis à l'élection.

Député italien, San-Donato siége à gauche ; il a toujours voté avec le parti libéral ; orateur, il parle avec facilité et surtout avec sobriété ; jamais il ne prend la parole sans avoir une importante motion à faire, une remarque juste à signaler ; il n'est pas académique, il est pratique, et c'est surtout dans les assemblées municipales et provinciales que cette rare qualité se fait apprécier ; au milieu des discussions les plus violentes, alors que la raison semble obscurcie par la passion, la parole de San-Donato jette toujours une vive lumière sur le débat et son avis est presque toujours écouté, parce que le plus souvent il est le meilleur.

Pour se faire une idée juste de la personnalité du duc de San-Donato, il faut le voir à Naples : la population napolitaine l'adore ; elle sait qu'elle a toujours trouvé et qu'elle trouvera toujours en lui un énergique champion ; il passe et tout le monde le salue avec un affectueux sourire ; cela s'explique, car il n'est peut-être personne à qui le duc de San-Donato n'ait, sous une forme quelconque, à un moment donné, dans telle ou telle circonstance, rendu service.

Le seul reproche que j'aie entendu faire à San-Donato, c'est un excès de tolérance vis-à-vis de ses ennemis politiques ; cette tolérance est à mes yeux le plus bel éloge que l'on puisse faire de lui.

Deux grandes passions se partagent le cœur de San-Donato : l'amour de sa famille et l'amour de la patrie ; durant sa captivité, pendant son exil, alors qu'il parcourait en proscrit les capitales de l'Europe, il portait, comme Bias, sa fortune avec lui : le portrait de sa mère et le panorama de Naples.

LE COMMANDEUR CAPRIOLO,

SÉNATEUR.

—

M. Capriolo est un de ces patriotes modestes, qui, dédaigneux du bruit et de la publicité, vouent leur vie au travail et leur intelligence au service de leur pays. Né à Alexandrie (Piémont) en 1812, M. Capriolo étudia le droit et se consacra au barreau. Quoique avocat distingué, M. Capriolo renonça bientôt à sa profession. Sa grande érudition, l'énergie de son caractère, et de sa volonté, la netteté de ses idées et la rectitude de son jugement le désignèrent en 1848 au gouvernement comme l'homme devant être appelé, de préférence à tout autre, à diriger les études de la province d'Alexandrie. M. Capriolo se montra pour ainsi dire supérieur à sa mission; il avait appris dans Démosthènes que ce qui fait le citoyen, c'est l'amour de la patrie; il avait appris dans Cicéron que la pensée n'est saisissante qu'autant qu'elle est bien exprimée; il avait pâli sur les pandectes, et fait ses loisirs de l'étude d'Horace et de Virgile; il en résulta qu'il exerça bientôt une influence considérable sur la jeunesse mise sous sa direction; cette influence fut telle que même, aujourd'hui, (et depuis longtemps déjà M. Capriolo ne remplit plus ses fonctions de proviseur), les jeunes gens de la province d'Alexandrie remportent les couronnes dans tous les concours; il n'est personne qui ne reconnaisse que cette incontestable supériorité ne soit due à un système élaboré, poursuivi, établi, et maintenu par M. Capriolo.

Quoique voué spécialement à ses fonctions, M. Capriolo ne demeurait pas étranger aux luttes politiques; il appartenait au parti libéral, qui voulait l'indépendance italienne, et il ne tarda pas à acquérir une juste renommée; aussi, en 1854, le collége de Ceva le choisit-il comme député.

Devenu homme parlementaire, l'ancien proviseur se consacra tout entier à l'accomplissement de son mandat. Travailleur infatigable, jurisconsulte éclairé, doué d'aptitudes diverses et de connaissances profondes, il prit part à l'élaboration et à la rédaction de toutes les lois votées par le parlement subalpin.

En 1859, M. Rattazzi, appelé après la paix de Villafranca à diriger le département de l'intérieur, choisit M. Capriolo pour secrétaire-général. Les circonstances, on se le rappelle, étaient extrêmement délicates; la Lombardie venait d'être réunie au Piémont : il s'agissait de fusionner les deux provinces et d'assimiler les lois lombardes aux lois piémontaises; tâche ingrate, s'il en fut jamais! Car une loi nouvelle, quelque bonne qu'elle soit, ne peut donner satisfaction à tous les intérêts et trouve toujours comme obstacles, surtout au commencement de son application, l'habitude, le mauvais vouloir et la routine. M. Capriolo mit à seconder M. Rattazzi un zèle qu'on ne saurait trop louer; sa position exigeait une activité, une persévérance, un travail capable de décourager un bénédictin; M. Capriolo ne se découragea pas; il y perdit la santé, mais il remplit son devoir.

En 1860, à l'avénement du ministre Cavour, M. Capriolo fut de nouveau investi du mandat de député : membre influent et considéré du tiers-parti, il vota sans cesse avec M. Rattazzi, qui, en 1862, alors qu'il était président du Conseil, le nomma de nouveau secrétaire-général au ministère de l'intérieur. Il apporta à ces fonctions qui lui étaient devenues familières, une remarquable sagacité : ce fut lui qui, pendant l'absence du premier ministre voyageant alors avec le roi, prit la responsabilité de paralyser à Sarnico une entreprise plus généreuse que prudente; à la chûte du ministère Rattazzi, M. Capriolo fut élevé à la dignité de sénateur, et dernièrement il a été nommé à une grande majorité, questeur de cette noble assemblée.

En 1867, M. Rattazzi, de nouveau président du Conseil, venait de faire voter par la Chambre la loi la plus libérale qui ait été présentée au Parlement italien; je veux parler de la loi relative à la liquidation des biens ecclésiastiques; au lieu de perpétuer la main-morte, M. Rattazzi l'avait abolie; il avait obtenu du Parlement la faculté de vendre par petits lots les immenses possessions du clergé; la loi votée, il fallait la mettre à exécution; il fallait faire le dénombrement des propriétés, en étudier la valeur, les diviser en lots, en régler l'importance suivant les habitudes et la richesse des provinces respectives; il fallait enfin trouver l'homme dont les aptitudes bien connues, les habitudes laborieuses, l'esprit exact et l'honnêteté proverbiale fussent à la hauteur d'une pareille mission. M. Rattazzi n'hésita pas; il savait qu'il pouvait compter sur M. Capriolo.

M. Capriolo, en effet, en proie à des souffrances aiguës, retiré dans sa petite maison de Moncalieri, se rendit immédiatement à l'appel de son ami; son courage, plus fort que la douleur, le soutint dans ce nouveau sacrifice qu'il faisait à son pays; il se mit résolument à l'œuvre, et bientôt on vit que l'opération telle que l'avait conçue M. Rattazzi, et telle que la conduisait M. Capriolo, donnait, malgré les entraves de toute nature, que la malveillance, aidée par une effroyable crise, ne cessait d'accumuler devant elle, les résultats les plus satisfaisants et peut-être même les plus inattendus.

M. Capriolo est encore aujourd'hui à la tête de ce service; n'est-ce pas là la preuve la plus flagrante de l'efficacité de ses efforts et de son incontestable dévouement pour sa patrie?

Dans sa vie privée, le commandeur Capriolo est un des heureux de ce monde. Adoré de ses amis, estimé de ses ennemis presqu'autant que de ses concitoyens, il a pour épouse une jeune et charmante femme dont il est idolâtré et qui l'entoure des soins les plus touchants et les plus assidus; à vingt-sept ans, Mme Capriolo a l'air encore d'une toute jeune fille, tant son œil est limpide, son maintien virginal; elle dirige avec une grâce exquise et une rare distinction empreinte de timidité, le cercle sérieux et presque exclusivement politique qui se réunit chaque soir chez son mari. Mme Capriolo est vice-présidente de l'Association de secours mutuels des ouvrières, dont j'ai l'honneur d'être la présidente.

UNE VISITE A SANTA-CROCE

ALFIERI

ET

LA COMTESSE D'ALBANY.

ÉTUDE.

Ce n'est pas sans une réelle émotion, sans un profond respect, que le penseur, l'indifférent même, met le pied dans l'église de Santa-Croce de Florence ; chaque dalle de ce panthéon recouvre une cendre immortelle, Machiavel, Michel-Ange, Galilée, les Médicis, Alfieri. C'est à donner le vertige ; et une nuit passée seul à seul dans cette nécropole, avec tous les grands morts de la république toscane, pourrait faire éclater la cervelle assez forte, assez audacieuse, pour rechercher l'ivresse de toutes ces immortalités.

C'est sur la tombe des grands hommes plutôt que sur celle des rois, qu'on met en doute cette parole échappée au désespoir : *vanitas vanitatum !* Non, la gloire n'est pas une vaine fumée ; de telles tombes ne sont pas le premier mot du néant, et l'ensevelisseur de **Santa-Croce** ne nous dira jamais, comme le fossoyeur du cimetière d'Elseneur,

> Suis ta route, passant, j'ignore
> A qui furent tous ces vieux os.

Parmi les monuments trop rares, qui s'élèvent dans la nef vénérée, l'un d'eux rayonne par la majesté de ses proportions, par la sévérité de ses lignes, par la beauté des sculptures qui le décorent. Il est situé à droite, vers le centre de l'église, entre les tombeaux de Machiavel et de Michel-Ange.

L'œuvre est de Canova ; elle est simple et grandiose ; elle remplit la pensée, parce qu'elle est bien la pensée de tous ; c'est l'Italie, pleurant son poète, celui qui, peut-être, eut pu lui rendre sa splendeur éteinte sous les efforts d'une armée de nains et de tyrans. Le nom d'Alfieri ressort en lettres d'or sur le marbre de cette tombe élevée par l'amour et taillée par le génie.

Il est peu de poètes qui se présentent à l'imagination dans des proportions aussi colossales que celui dont nous essayons aujourd'hui d'esquisser la sculpturale figure. C'est qu'Alfieri n'est point une de ces organisations désignées dès l'enfance, marquées par le travail latent d'une vocation irrésistible, préparée par la nature et arrivant ensuite à l'éclosion par suite de cette loi de tout être créé qui ne brise sa coquille qu'après une incubation laborieuse.

En effet, Alfieri est devenu poète par la seule et prodigieuse force de sa volonté. C'est un Titan né pour commander au monde, et qui dédaignant d'entasser montagne sur montagne pour saisir le pouvoir, — cette chimère périssable, cette source d'erreurs dont le cours dévie si facilement et traîne ses victimes au Capitole ou aux gémonies de l'histoire — a voulu forcer le monde à lui donner cette admiration accordée au peintre, au sculpteur, au musicien, au poète, — au génie, — et dont son âme ardente avait une soif inextinguible.

Né avec tous les instincts de l'indépendance et de la grandeur, au milieu du luxe des cours, et suçant à la mamelle la conscience de la noblesse de sa race, on voit briller sur son front, dès l'âge le plus tendre, ce sentiment de l'estime de soi, qui l'arrêtera toujours devant l'accomplissement de toute action mesquine ou honteuse ; sentiment dont on a fait un vice et qui n'est que le cri suprême de l'âme aspirant à s'élever au-dessus des vulgarités de la vie, des défaillances de notre organisation et des capitulations de conscience.

Démocrate dans l'acception la plus large du mot, le comte Alfieri a toutes les délicatesses d'un praticien issu du mariage mystérieux des Doges, avec l'Adriatique. Mais ce grand seigneur finit un jour par comprendre qu'il ne suffisait pas d'être grand seigneur. Animé d'une haine immense pour la tyrannie et d'une ardente passion pour la liberté, on le voit, dans sa jeunesse, fuir l'atmosphère des cours et se jeter dans les exercices violents du corps, trompant, par un mouvement continu, par une locomotion sans trêve, le besoin d'activité qui n'était réellement que dans son esprit.

Elevé à l'Académie des nobles de Turin, une Académie sans moëlle et sans séve alors, s'attachant surtout à faire des chevaliers et non des hommes, il ne puise, dans cet établissement sans discipline et sans professeurs sérieux, que le goût des armes et des chevaux, et répond admirablement aux préceptes de ces hobereaux qui veulent qu'un gentilhomme ne puisse qu'à peine épeler et signer son nom. Ce système d'éducation féodale convenait trop à la paresse et aux instincts de cette nature lourde et encore abrupte, pour ne pas avoir toutes ses sympathies ; aussi le voyons-nous, jusqu'à 25 ans, user le temps avec toute la fougue de l'homme qui se sent inutile sur la terre, et veut s'étourdir sur la honte secrète qui lui mord le cœur.

Mais l'heure de son affranchissement moral a sonné, et ce qu'il prend pour le besoin d'air, le pousse dans une série de voyages, entrepris à la manière de ces touristes superficiels, qui se donnent à peine le temps de faire changer les chevaux de leur chaise de poste.

Il parcourt l'Europe tout entière, brûlant le pavé des routes, gaspillant son or, ses forces, sa santé, et n'essayant pas une seule fois de soulever le rideau qui lui cache le drame de la vie dans ce qu'il a de sérieux, d'intéressant, de noble, de grand ; dédaignant cet enseignement profond qu'offre le spectacle des nationalités quand on étudie leurs mœurs, leurs coutumes, leurs vices, leurs vertus, leur histoire. Il était, en un mot, mais sans préméditation, comme le czar Pierre visitant Mme de Maintenon et trouvant moyen d'insulter cette majesté qui avait droit à toute autre chose qu'à une curiosité insultante. Il va, court, part, et revient ; il n'a rien vu, mais il a fouetté son sang, et l'amour se charge de hâter tout-à-coup sa transformation.

Nous ne parlerons donc que pour mémoire de quelques essais de satires, lus à un petit cercle d'intimes, dans une des séances d'une espèce d'académie, association de plaisir où les adeptes n'étaient admis qu'après des épreuves et des jongleries dignes de la franc-maçonnerie. Ces satires s'attaquaient aux personnes de la haute société de Turin et obtenaient facilement les applaudissements d'un auditoire composé de jeunes gens qui pouvaient toujours mettre un nom sous l'allusion ou le portrait.

Nous arrivons à ce premier sonnet inspiré par l'amour, en laissant de côté les grossières ébauches d'une Cléopâtre impossible, scènes dialoguées sans méthode, vers boîteux dont Alfieri est le premier à faire justice au début de ses mémoires.

Quand nous disons, — inspiré par l'amour, — la plume nous a quelque peu tourné entre les doigts, et notre paresse seule à raturer a pu nous faire laisser ces mots, au moins imprudents. En effet, il eut été plus juste d'écrire que ce sonnet inestimable, car il est vraiment le premier jet de cet esprit fougueux, fut inspiré par une peine de cœur. Alfieri était rentré chez lui, au retour d'une soirée d'Opéra, tellement las d'une femme qu'il n'avait pourtant pas cessé d'aimer, qu'il résolut de rompre à tout jamais avec elle. C'était un parti violent pour un cœur de vingt-cinq ans à peine, et il faut qu'il y ait eu de graves raisons pour amener ce résultat, difficile à concilier avec le charme et la grâce de celle qui en était la victime. Toujours est-il que le jeune comte chanta sa délivrance comme s'il venait d'échapper à un grand péril ; il coupait ses fers par un grand effort de vertu, oui, de vertu, ne rions pas, et plus fort que le divin Pétrarque, il ne resta pas amoureux de sa déesse.

Ce sonnet lui valut les éloges du bon père Paciaudi, un de ces excellents prêtres dont le type est perdu. Savant et discret, délicat comme une femme, intelligent et sagace, il fut, selon toute apparence, la cause première de la persévérance du jeune homme dans cette carrière des lettres qui, plus que toute autre, a besoin dès son début d'encouragements et de conseils. Les éloges qu'Alfieri lui-même avoue n'avoir point mérités, eurent le précieux avantage de l'engager à les rechercher de nouveau et, par conséquent, à les mériter en faisant mieux.

Jusque là le jeune homme n'avait parlé et écrit qu'en français, en mots français, pour être plus exact. Cette langue qu'il trouvait barbare et bornée lui causait de ces rages sourdes, qu'il faudrait peut-être bien attribuer, pour être juste, au désespoir d'égaler les grands écrivains, poètes et prosateurs, qui l'ont illustrée et qui n'ont pas peu contribué à la répandre dans tous les Etats et à en faire enfin la langue par excellence, celle de la précision et de la clarté, celle enfin qui se prête le moins aux subtilités diplomatiques.

Il s'agissait donc d'apprendre l'italien, non point ces dialectes différents et étranges qui se parlent dans les différents Etats, mais la belle langue de l'Arioste, du Dante, du Tasse, — le Toscan, — car il avait à peu près oublié en compagnie d'étrangers de toutes les nations, le peu de toscan qu'il était parvenu à faire entrer dans son cerveau, durant ces deux ou trois années d'études asinesques et bouffonnes en humanité et en rhétorique.

Si l'étude était ardue, le but était grand, car il tentait alors ce qu'on appelle une œuvre de longue haleine. Une méditation profonde faite un soir pendant une halte de l'un de ses voyages échevelés, à l'église de Santa-Croce, de Florence, sur le tombeau de Michel-Ange, lui avait fait sentir qu'il n'y a de vraiment grand parmi les hommes que ceux qui laissent après eux une œuvre durable.

Or, les éloges du Père Paciaudi, donnés à un maigre sonnet, avaient une saveur toute particulière, il en était très friand ; il voulut les mériter une seconde fois. Pendant une maladie de cette maîtresse quittée avec tant de satisfaction, il avait griffonné une ébauche de tragédie, une sorte de dialogue entre Cléopâtre, un *individu*, et une dame, qu'il nomme Lachesis, sans songer que ce nom était celui d'une des Parques ; c'étaient des vers un peu boîteux, mais assez passables pour un commençant et qui furent oubliés sous le coussin d'un sopha jusqu'au jour de délivrance.

Mais la poésie est comme un coin de chêne : une fois qu'elle commence à pénétrer dans la cervelle d'un homme, cet homme est condamné à suivre sa route, sans repos, sans trêve, à boire jusqu'à la lie le calice amer des labeurs et des dégoûts.

L'ébauche fut donc retirée des limbes où elle dormait, et un second sujet de tragédie, sur le même sujet, s'étala sur le papier.

Du reste, Alfieri l'avoue, il met Cléopâtre en scène comme il y met Bérénice ou Zénobie, et uniquement pour répondre à une impression de son cerveau plutôt qu'à un choix de sa raison. Depuis un siècle, il voyait dans l'antichambre de sa maîtresse, de fort belles tapisseries, où était représentée toute l'histoire d'Antoine et de Cléopâtre, et il mit en mouvement ces personnages, témoins muets de ses ardeurs, et avec lesquels il se trouvait quelquefois en rapport.

A force de grammaires, de dictionnaires et de traités de prosodie, les cinq lambeaux furent cousus ensemble, et cette seconde tragédie de Cléopatre fut envoyée au Père Paciaudi, dont la mansuétude était infinie. Le bon moine ne voulut point encore décourager le jeune auteur ; d'ailleurs, il pressentait le poète, cet aimable vieillard, et il renvoya l'œuvre avec force notes marginales, critique douce et charmante, faite le plus souvent sur le ton de la plaisanterie témoin celle-ci : *Les mots italiens du vers 181 signifient « aboiement du cœur : » cette métaphore sent horriblement le chien, je vous conseille de l'ôter.*

Cette critique porta ses fruits, et des fruits pleins de saveur, car une troisième Cléopâtre sortit des cendres qu'elle avait produites. Cette tragédie fut jouée à Turin le 16 juin 1775.

Suivant l'exemple de Molière qui donna après l'*Ecole des femmes* sa fameuse *Critique*, qui fut la plus adroite et la meilleure des défenses, Alfieri fit jouer dans la même soirée, immédiatement après Cléopâtre, une comédie, ou mieux un à-propos, qu'il appelle : *Petite farce* : intitulé : *les Poètes*, où, sous le nom de Leusippe, il est le premier à se moquer de sa tragédie. C'était hardi, mais à côté des coups de fouet de la satire, il y avait l'éloge, et l'éloge le plus délicatement présenté, le plus ingénieusement déguisé.

La reine d'Egypte était évoquée, elle et toutes

les héroïnes des tragédies, et cet aréopage prononçait sur la valeur de l'œuvre nouvelle en servant lui-même de point de comparaison entre le poète éclos de cette soirée et ses nombreux rivaux, avec cette différence, toutefois, dit Alfieri, que les tragédies de ces gens-là étaient le fruit déjà mûr d'une incapacité toute formée, tandis que la Cléopâtre était l'œuvre prématurée d'une ignorance capable d'apprendre.

Deux représentations seulement payèrent l'auteur de ses travaux et de ses peines, car il se ravisa à temps et ne voulut pas soumettre une troisième fois *Cléopâtre* aux jugements d'un jury qui pouvait devenir sévère ou plutôt exigeant, devant cette prolongation de succès. Soit instinct de la part d'Alfieri, soit crainte réelle, il agit en cette circonstance, avec un tact plein de bonheur, et la trempe du caractère de cet homme ne peut faire supposer qu'il y ait eu habileté.

En effet, cette espèce de marque de déférence envers l'opinion lui concilia tous les esprits, et la critique elle-même fut à peu près désarmée. On croit généralement peu a la modestie des poètes !

Ces deux soirées décidèrent de la vie entière d'Alfieri, et bien qu'il les appelle *fatales* elles firent courir dans ses veines une telle ardeur d'écrire, que désormais les lettres furent toute sa vie. Sa passion pour les chevaux, ce goût aristocratique, qui lui en faisait toujours traîner une quinzaine après lui dans ses voyages, pouvait seul le distraire de la poésie ; mais encore trouvait-il moyen de rêver à cheval, de combiner des scènes, de trouver des situations, d'agencer même des périodes de style ; et le promeneur rentrait au logis riche de ce butin de la pensée, comme l'abeille laborieuse regagne sa ruche chargée de la dépouille des fleurs.

Il n'y avait plus à reculer ; il fallait entrer dans l'arène ardente et passionnée, se vouer aux plaisirs du public et s'attacher surtout à tomber avec grâce, comme le gladiateur antique ; car le poète a beau répondre, en écrivant aux sollicitations intimes de la muse ou plutôt de l'inspiration, le public est toujours présent à ses yeux, formant le fond du tableau et ces grandes masses d'ombre sans lesquelles le sujet principal ne ressortirait pas.

La gloire n'est-elle pas la source d'estime et d'honneur qui nous vaut l'admiration des autres? Imaginez-vous Robinson dans son île, rimant un sonnet. Qui le lira? Qui l'appréciera? Qui le connaîtra? Ce n'est pas Vendredi : Et encore Molière écoutait les avis de Laforest.

Bien que l'auteur n'en dise pas une seule fois le

plus petit mot dans ses mémoires, il ne faut pas se dissimuler qu'il n'ait puisé, sinon sa verve, du moins ses inspirations, dans les inimitables modèles du Théâtre Français.

Alfieri pousse même la dissimulation jusqu'à avancer n'avoir jamais lu une seule des tragédies françaises ou allemandes qu'il vit représenter lors de son séjour en France ou dans le cours de ses voyages. Nous voulons bien admettre cela, parce que nous savons par expérience qu'une représentation suffit pour donner à l'homme organisé toute la quintescence d'une œuvre théâtrale. La représentation offre le jeu des passions, leur développement, leurs péripéties; elle pose, anime, fait toucher, pour ainsi dire, du doigt chaque situation, et ce plastique de l'art écrit, se grave dans la mémoire avec toutes les pompes du sujet. Lire une tragédie ne pourrait être d'un grand secours pour l'auteur qui voudrait l'imiter; cette lecture aurait l'inconvénient de présenter un écueil presque inévitable, celui de faire tomber dans les pensées les plus saillantes du modèle et de transformer l'imitation en plagiat.

Admettons donc qu'Alfieri ne lut pas don Carlos, joué en Allemagne longtemps avant celui de Schiller, lorsqu'il écrivit en français et en *prose* sa tragédie de *Philippe II*. Nous irons même plus loin : nous supposerons qu'il n'avait jamais ouvert un volume de Racine, lorsqu'il jeta sur le papier l'ébauche de son *Polynice*. Le français est une langue trop sévère pour cet esprit orgueilleux et ce n'est pas dans ces auteurs qu'il cherchera jamais ses modèles.

Du reste, le *Philippe II* est beau, la pièce commande l'attention d'un bout à l'autre, et si la peinture du caractère de ce sombre roi n'est pas d'une vérité complète, il force la terreur. Alfieri voulait, et nous savons si ce mot a une signification chez lui, s'*italianiser* complètement, il travaille à traduire en vers italiens ces deux tragédies avec le fantôme de sa reine *Cléopatre* ; le style est plus châtié, plus sobre, plus poétique, surtout, et il commence à s'y rencontrer un grand nombre de finesses de langage, de ces atticismes charmants, que la connaissance approfondie et complète d'une langue peut seule donner.

L'amour de l'indépendance, cette sauvage passion qui domine toute l'existence des poètes, transpire d'une manière parfois éloquente dans le *Philippe II* et le *Polynice*, et bien que le poète emploie fréquemment le mot *liberté*, nous ne pouvons nous résoudre à ôter à ce sentiment sa véritable appellation.

On sent dans chaque mot, dans chaque hémistiche le travail latent de cette pensée qui n'a qu'un but — celui de s'affranchir des entraves que la civilisation impose à nos habitudes et à nos goûts ; — et si parfois, l'auteur, par la bouche de son personnage essaye de donner à la leçon une plus haute portée, en voulant renverser sur les peuples les bienfaits de cette liberté qu'il rêve, il ne peut s'empêcher de tomber dans l'application personnelle. C'est si vrai, que les plus larges axiomes philosophiques ayant cours à cette époque, même dans les classes aristocratiques, s'encadrent dans d'admirables périodes ; on sent toujours le gentilhomme piémontais qui s'indigne d'être forcé de demander au roi la permission d'aller passer une année hors de ses Etats.

Il est nécessaire de revenir sur une des phrases qui précèdent et cela pour rectifier un fait; nous nous hâterons du reste d'ajouter que l'erreur dans laquelle nous sommes tombée, ne nous est point échappée, mais qu'elle est un de ces moyens littéraires en usage seulement au théâtre. Nous avons dit qu'Alfieri avait commencé ses tragédies sans lire les auteurs français, qui eussent pu le mieux lui fournir des détails ou des préceptes, et cette assertion s'appuyait sur ses *Mémoires*, mais il y a cent à parier que le remords vint à mordre l'auteur et qu'il voulut déposer un *meâ culpâ* dans un endroit quelconque du livre, pour mettre sa conscience en repos. En effet, il avoue plus tard avoir tiré le *Philippe II* et le *Polynice* des *Frères ennemis* de Racine. Cet aveu n'a rien d'humiliant pour un novice, il serait même à souhaiter que les débutants littéraires s'essayassent toujours sur des sujets connus ou déjà traités ; cela leur sert en quelque sorte à jeter leur gourme et à ne pas détourner l'attention du public ou de la critique qui, en ce cas, n'a à s'occuper que du poète et de la manière dont il a traité le sujet. C'est, d'ailleurs, peut-être à cet ordre d'idées qu'a cédé un des plus remarquables auteurs tragiques de notre époque. Mettre en scène la victime de Tarquin et répandre sur l'œuvre qu'inspire cet abominable forfait, et qui fut pourtant le salut de Rome, ces fleurs d'une poésie sobre, savante, chercheuse, locale, c'était forcer l'attention à se concentrer sur l'auteur et dégager l'œuvre de tous les vains accessoires qu'appelle à son aide la médiocrité turbulente. Alfieri avait une manière toute particulière de travailler, et il s'étend assez longuement et à plusieurs reprises, dans ses mémoires, sur le mécanisme qu'il employait. Nous ignorons si beaucoup d'auteurs procèdent de la sorte, mais, quoiqu'il en soit, nous ne pouvons nous empêcher de convenir que la méthode n'est pas absolument défectueuse. Un sujet dramatique se présente à l'esprit du poète avec tous les souvenirs et tous les jalons que lui fournit l'histoire; souvent son sujet fermente dans sa tête, des jours, des mois entiers avant de prendre ce corps, cet agencement qu'exige le théâtre et grâce aux combinaisons duquel il est seul possible. Peu à peu les groupes se forment, les scènes se dessinent, les passions se développent, se choquent, s'analysent et bientôt l'action tout entière surgit dans l'âme du poète avec tous les accessoires de la mise en scène. Il s'agit alors de tracer ce plan encore informe, de lui donner des limites, de classer les scènes, de marquer les personnages. Une fois ce plan bien établi, l'écrivain a son œuvre; mais tous ne sont pas d'égale force; bien peu se possèdent assez pour faire succéder avec art les idées et les images qui affluent dans leur pensée. L'inspiration poétique présente alors une de ces surexcitations pénibles qu'il est difficile de modérer et qui peut entraîner à des écarts, à des divagations que la muse accueille en souriant, mais que le froid public méprise peut-être. C'est pourquoi, une fois son plan arrêté, Alfieri procédait à ce qu'il appelle le développement. Il écrivait son dialogue en prose et, de cette façon, il ne perdait pas le fil de l'idée vraie, de la parole naturelle qu'il voulait mettre dans la bouche de ses personnages, en cherchant une tournure, une période, la suite de l'un de ces élans que le lyrisme enfante, et qui est à un simple dialogue en prose, ce que le soleil est à l'astre calme des nuits, c'est-à-dire la protection de la méditation.

Ce travail de développement permet de creuser les caractères, de chercher ces mots sentis, ces cris de l'âme qui font tout le charme d'une œuvre théâtrale, ce qui serait presque impossible au milieu des préoccupations du rhythme, de la césure et de la mesure à donner au vers.

C'est donc à la suite de cette éclosion préliminaire, et souvent après l'avoir laissée reposer pendant plusieurs mois, que le grand poète attaquait la besogne poétique. Là commençait, pour lui, ce grand duel entrepris depuis plusieurs années avec l'idiome toscan dont il avait tant de peine à bien saisir encore, au moment où nous sommes arrivés de notre étude, toutes les finesses et toutes les grâces. Libre de toute préoccupation secondaire, l'imagination en repos, le génie créateur satisfait, l'inspiration a beau jeu et le style peut se livrer à toutes les recherches, broder des arabesques, polir, arranger, limer, amener enfin le vers à cette clarté, à ce naturel, sans lesquels la tragédie ne peut être que boiteuse et mal venue.

Destiné à dire l'histoire du cœur, à détailler le noble jeu des passions humaines, ce serait une erreur que de croire que ce genre d'œuvres théâtrales n'exige pas autant de vérité dans son expression que la comédie ; elle a seulement le privilège de prêter à la pompe de l'expression et de laisser le lyrisme s'exhaler en pleine lumière. L'image ne répugne pas au vers tragique ; elle lui emprunte même une splendeur sans pareille, et laisse dans la mémoire comme la trace de l'âme épurée du poète, fixée par un vers harmonieux. Lui, plein d'ardeur désormais pour la mission qu'il se donnait *in petto*, de régénérer le théâtre italien, ne perdait plus une heure ; à part les chevaux, cette passion qui dans son cœur balança toujours celle des vers, il fuyait toute occasion de plaisir et de dissipation. Il s'enfonçait dans les études les plus sévères, refaisant toujours son éducation, commentant, apprenant même par cœur Horace, ce modèle éternel du beau et du correct, et puisant dans les anciens des sujets de tragédies. C'est ainsi que naquirent, avec Antigone, un Agamemnon, un Oreste.

Il est peu d'auteurs dramatiques qui n'aient mis au théâtre l'histoire ou l'un des épisodes de cette magnifique et terrible histoire des Atrides ; c'est un de ces sujets émouvants qui séduisent l'imagination et d'où peuvent découler une suite de belles et larges scènes, de péripéties saisissantes.

Toutefois, avant de commencer son *Oreste*, Alfieri ouvre par hasard un volume de Voltaire, et s'aperçoit que le géant littéraire qui alors donne le mot à l'Europe, a déjà traité le sujet. Il referme le livre avec dépit, et, désespérant de la victoire avec un pareil rival, il sent se refroidir son enthousiasme et va même jusqu'à renoncer à entreprendre la lutte.

C'est seulement plus tard, à Sienne, que l'étincelle se rallume au fond de sa pensée (ou plutôt peut-être a-t-il longuement mesuré ses forces) et qu'il n'hésite plus à entrer en lice avec ce Voltaire qui lui avait paru d'abord si redoutable. Son courage lui vint aussi, il faut le dire, grâce aux conseils de Francesco Gori, un de ces savants italiens dont le type n'est pas perdu et qui fut pour Alfieri plus qu'un conseil, un censeur sévère. Il le fortifie donc dans l'idée de traiter *Oreste*, car le théâtre italien ne pouvait citer que Valrasone et Rucellai, et certainement les tragédies de ces auteurs étaient indignes du plus beau sujet de l'antiquité.

Jusqu'à ce jour notre poëte, à l'exemple de tous les jeunes gens, a gaspillé son cœur *à toute venante* sans souci, par hasard, par coquetterie, par vanité, très-peu par amour, et toujours pour satisfaire les tumultueuses aspirations d'une imagination en feu; mais le jour est venu, l'heure a sonné d'une transformation complète et cette fois définitive.

Un amour *digne de lui*, selon sa propre expression, s'était emparé de son âme : « une belle étran-
« gère » dit-il, « de haute distinction et qu'il était
« impossible de voir sans la remarquer, et une
« fois remarquée, sans lui trouver un charme
« infini. » Alfieri l'avait souvent rencontrée à la promenade, car, fidèle à sa sauvagerie, il n'avait pas voulu lui être présenté ; cette fantasque nature, sous prétexte de travaux, s'attachait à fuir, entre toutes les femmes, celles qui lui paraissaient les plus belles et plus aimables ; mais ces rencontres fortuites triomphèrent de la résolution du farouche réclus, et il lui resta, de ces rares apparitions, une impression dont il ne fut pas maître.

Cette femme était la comtesse d'Albany, l'épouse du dernier des Stuarts, une fille de haute noblesse allemande, qui suivait la fortune de son mari, exilé de son pays, à la suite des commotions politiques: elle avait 25 ans, des yeux très-noirs et pleins d'une douce flamme, sa peau était très-blanche et ses cheveux très-blonds. Ses yeux noirs surtout donnaient à sa beauté quelque chose d'idéal qui forçait l'admiration.

Il était difficile de ne pas demeurer frappé à son aspect, et on échappait malaisément à l'empire qu'elle exerçait. Ce timide aveu terminant le portrait de sa *donna*, a, sous la plume d'Alfieri, un charme inexprimable. Du reste, cette femme avait tout ce qu'il fallait pour le fixer ; passionnée pour les beaux-arts et pour les lettres, elle passait presque toutes ses journées devant les toiles des maîtres ou à visiter les trésors enfouis dans cette Italie, terre classique du génie sous toutes les formes. Elle avait rassemblé autour d'elle tout ce que Florence contenait d'hommes distingués par le talent, et auprès d'elle, le mieux accueilli, était toujours le plus rayonnant par le mérite. Alfieri ne pouvait donc tarder à devenir l'un des hôtes les plus assidus de cette maison. Le salon de la comtesse d'Albany était plus qu'un temple élevé à l'art : c'était l'art lui-même.

Il régnait dans toute la personne de cette jeune femme quelque chose de libre, de fier, de chaste, d'ardent, de courageux et de timide à la fois qui charmait singulièrement. Il était difficile de ne pas être touché par cette grâce simple, cet empressement à plaire, qui n'était pourtant pas de la coquetterie, cette candeur aimable et cette naïveté enjouée et spirituelle qui la caractérisaient particulièrement.

Elles se rencontrent rarement de nos jours, ces femmes, déjà illustres par le rang et la fortune, qui, nouvelles Laures, deviennent la gloire d'un homme, en même temps que gît en elles la source de son inspiration. Les princesses ont aujourd'hui dans le cœur toutes les petites vanités de la femme, qui égrènent une existence comme un chapelet;— sans cesse occupées de robes, de visites, de fadaises, d'intrigues mesquines, de petites jalousies, de ridicules médisances, de mièvres conspirations, ou bien de plaire aux indifférents ou aux niais, de recueillir sur leur passage ces banales adulations qu'on accorde à toutes les poupées plâtrées indistinctement, elles n'ont pas une heure, pas une minute à donner à une occupation grave ou sérieuse.

Elle se croirait à jamais perdue, déshonorée, flétrie, la grande dame qui, aujourd'hui, aimerait un poète et serait fière de cet amour, tandis qu'elle ne rougit pas de se donner à quelque élégant sportman, à quelque petit crevé idiot, ayant un peu moins de mérite, la plus part du temps, que le palefrenier de leur mari.

La comtesse d'Albany était une de ces fortes âmes ayant dépouillé tout-à-fait les misérables préoccupations de l'existence de convention que se créent tant de femmes; émue et charmée devant une œuvre de Michel-Ange, elle fut pour Alfieri plus qu'une amante, une mère, une confidente, une amie, un ami.

Auprès des autres femmes, le poète ne s'était

jusqu'alors occupé que du soin de conserver ses amours au niveau des premiers jours ; il n'avait jamais véritablement aimé, les occupations utiles, sérieuses, l'étude de l'art, ne pouvaient guère marcher de pair avec le culte dû à ces idoles de la passion désœuvrée ; aussi se sentait-il insensiblement déchoir dans son esprit, voyait-il sa pensée se rapetisser, et c'était à peine s'il trouvait çà et là, quelques heures de ces inspirations précieuses, que le poète ne peut pas commander et qu'il doit attendre. Mais dès qu'il se réveilla, comme il dit, attaché à cette douce femme, sa vie changea de nature, de but.

Elles sont touchantes les paroles qu'il emploie pour bénir cette union de deux âmes, que la mort seule put séparer. Alfieri écrivant ses mémoires, dix ans après le jour où il connut et aima cette femme, a écrit vingt lignes qui valent ses meilleures tragédies. Il en est ainsi de tous ceux qui ont connu l'amour vrai, profond, durable ; ils commandent une sorte de vénération, leur tranquillité sereine semble proclamer tout le ravissement de leur âme ; enfin leur langage s'élève et leur voix résonne comme l'écho d'une mélodie inspirée. Lorsqu'un homme arrive à éprouver un pareil amour, tout ce qui l'avait précédé est oublié, le souvenir même de tous les sentiments vulgaires ou banals qu'il avait ressenti avant l'initiation, s'efface, s'éteint, disparaît. On est honteux d'avoir pu donner le nom d'amour à toutes les choses auxquelles on avait consacré si peu de son cœur, de son essence divine, de son intelligence, de soi-même, enfin.

Alfieri et Béatrix étaient évidemment faits l'un pour l'autre : leurs âmes, leurs opinions, leurs dédains, leurs sympathies, leurs antipathies étaient tellement les mêmes qu'ils n'avaient pas besoin de se parler, pour ainsi dire afin d'échanger leurs pensées.

> Aimer d'amour, joie, extase, mystère
> Présent que Dieu nous envoie en retour
> De nos douleurs..... Les hommes ont la guerre,
> Ils ont la gloire !.... Et la femme sur terre
>   N'a que l'amour,

disait la comtesse d'Albany, dans cette merveilleuse langue italienne, qu'elle se mit à étudier avec toute la force et la persévérance de l'amour.

Alfieri s'enflammait donc pour elle de plus en plus, à mesure que le temps, ce sauvage ennemi de toute chose humaine, allait détruisant en elle cette beauté périssable, ces frêles avantages d'un corps destiné à mourir et que Dieu avait fait si charmant et si pur. Son cœur s'élevait, s'améliorait, car il apprenait chaque jour à apprécier le trésor que lui avait apporté son bon ange ; il s'y livrait éperdûment. Désormais lié à cette chaîne dorée, il résolut de conquérir enfin cette indépendance tant désirée et de ne plus faire dépendre son bonheur du caprice d'un prince ou des inimitiés mesquines d'un ministre ; mais l'indépendance se paye cher : Alfieri ne regardait pas au prix. Il voulait se fixer près de la comtesse et finir ses jours aux lieux préférés qu'elle avait choisis.

Il fit donc une donation entière de ses biens, ne se réservant que le nécessaire, ce qui suffit au poète, et institua sa sœur, légitime propriétaire des domaines immenses qu'il tenait de ses pères. Il mit à se dépouiller l'empressement de l'esclave qui brise sa chaîne, et une brochure qu'il venait d'écrire sur la *Tyrannie* lui donna, d'ailleurs, toute la force morale nécessaire pour résister aux conseils que pouvaient lui donner, soit une amie, soit même sa nouvelle maîtresse ; d'ailleurs nous ne sommes pas à nous demander si cet homme avait de la volonté. Pour lui, une chose résolue était toujours une chose accomplie.

C'était cependant, quitter un servage pour en prendre un autre. Mais les chaînes de la passion sont de celles qu'on ne voit pas. Et puis on se dit qu'on les brisera toujours quand elles paraîtront trop lourdes, sans s'arrêter à cette pensée, que le jours où elles pèsent, c'est que l'amour, dont les faibles mains les soutenaient s'est envolé à tire d'ailes.

Une fois fixé à Florence, Alfieri ne fut plus que poète, et les conseils d'une femme adorée le guidèrent désormais, soit dans le choix de ses sujets, soit dans le détail de ses sentiments.

C'est que l'influence d'un esprit éclairé, surtout lorsqu'il est aimé par le souffle de l'amour, a pour le poète un prix inestimable; les femmes, on ne peut se le dissimuler, ont sur les hommes la supériorité du tact et des délicatesses; là où ils ne voient souvent qu'un prétexte à phrases sonores, à situations heureuses, elles découvrent souvent des abîmes de tendresse et même des subtilités de dialogue dont une œuvre théâtrale ne peut parfois que s'enrichir. C'est à cette gracieuse et intelligente influence que le poète dût d'entreprendre sa *Marie Stuart*, tragédie qui fut plus tard si heureusement imitée par Schiller; et, si, les élans de sensibilité, les pudeurs fières de cette reine ont été rendus avec tant de charme et de noblesse, on ne peut se dissimuler que l'Egérie poétique a passé par là. Donc, à dater de cette installation définitive à Florence et de cette halte faite dans la voie douloureuse de l'amour, naissent tragédies sur tragédies, poésies sur satyres, entre autres une *Virginia* fort belle qui révèle le sentiment républicain dans toute sa fougue et dans toute son exaltation. Virginius sacrifie sa fille avec la même joie sauvage et sublime que le poète sacrifie sa fortune. Puis *don Garcia, Rosmunda, Ottavia, Timoléon*, ensuite un poème sur la liberté américaine, ce sublime soulèvement que le Nouveau-Monde donnait pour exemple à l'Ancien.

Ottavia, la meilleure de ses cinq tragédies, paraît, selon toute vraisemblance, empruntée au théâtre de Racine, mais toujours à la manière d'Alfieri, qui ne voit qu'une seule situation dans une œuvre scénique et la développe jusqu'à épuisement. En effet, cette tragédie qui n'est qu'un long rôle de femme, nous fait assister aux râlements d'une passion qui a l'air de n'avoir jamais existé, et met dans l'âme du lecteur, et aussi dans celle du spectateur, une de ces impatiences inquiètes impossibles à dissimuler.

Le marquis Scipion Maffei était, avant Alfieri, et à bon droit, le premier auteur tragique de l'Italie, mais par malheur pour lui sa *Mérope* tomba sous les yeux de notre poète qui s'indigna et conçût aussitôt le plan d'une tragédie sur le même sujet.

Sans s'inquiéter si Voltaire avait traduit cette même *Mérope* de Maffei, à sa manière, c'est-à-dire en en faisant un des chefs-d'œuvre de notre langue, il se prit corps à corps avec cette fable touchante et en tira une de ses meilleures conceptions. Ce n'est pas qu'elle n'abonde en imperfections, mais ce sont de ces imperfections qu'on pardonne en Italie, où l'art dramatique n'a pas conquis la place qui lui appartient, et où le genre d'opéra a fait passer dans les mœurs théâtrales une pompe, une exagération qu'il serait assez difficile de bannir.

Le silence gardé par Alfieri dans ses mémoires, à propos de cette tragédie de Voltaire, pourrait peut-être faire suspecter sa bonne foi, car, en examinant son œuvre avec attention, on voit qu'il a évité de tomber dans les erreurs commises par Maffei et si bien établies par M. de Lindelle dans sa fameuse lettre à Voltaire, et qui montent à quinze, ni plus ni moins, déduites et expliquées avec considérants et circonstances atténuantes, de même qu'un acte d'accusation en bonne forme.

Presque en même temps que *Mérope* était né *Saül*, que nous estimons une des meilleures tragédies de l'auteur. Inspirée par la lecture de la Bible, elle s'élève dans le dialogue, à la hauteur de cette sublime poésie, mère de toutes les poésies, et présente des beautés que nous ne pourrions guère rencontrer ailleurs que dans notre *Athalie*. Il est bien entendu qu'Alfieri n'a pas traité le monarque juif, traduit par Voltaire, comme M. Huet a traité le sien.

Sur ces entrefaites, Alfieri fit représenter son Antigone à Rome dans le palais de la duchesse de Zogarolo. C'était là encore une de ces nobles femmes qui mettent l'intelligence, le talent et le génie, au-dessus de toutes les vaines distinctions d'un monde mesquin et personnel, et le petit triomphe que remporta l'auteur dans cette soirée, qui eut pour spectateurs ce que l'Italie comptait alors d'esprits d'élite, le décida à s'occuper sans relâche de l'impression des quatorze tragédies qu'il avait achevées et *limées*.

Ici se place une page douloureuse dans le cours des amours des deux illustres amants. La calomnie, l'envie, la jalousie, toutes les mauvaises passions louches et lâches se déchaînèrent contre eux ; le monde qui ne peut supporter la vue des grandes et nobles affections, essaya de semer quelques nuages dans leur ciel, jusque-là si pur et si limpide. On tenta de séparer Alfieri de la comtesse d'Albany à l'aide d'un système de délations et d'insinuations infâmes auprès du mari, vieillard quinteux, toujours plongé dans des orgies énervantes ; on ne pouvait pardonner à Alfieri cet empire sans partage exercé sur cette grande dame, désirée de tous. On ne pouvait pardonner à la comtessé cette possession absolue, mystique, morale et intellectuelle qu'elle avait du poète. Les vanités froissées, les amours-propres blessés aiguisèrent leurs armes. Les maîtresses dédaignées ou délaissées de l'un, les amoureux fourvoyés ou éconduits de l'autre, ceux qui se crurent atteints par leur indifférence ou leur supériorité, organisèrent une coalition. Tous les jours (les souvenirs d'Alfieri nous l'attestent) ils recevaient des lettres anonymes pleines de menaces et d'ignobles délations. Ils ne les lisaient pas, ou, s'ils y arrêtaient leurs yeux un instant, ils les repoussaient aussitôt avec dégoût en resserant encore leur étreinte, en sentant plus vivace, plus étroite, la chaîne indissoluble qui les unissait. Ils regardaient toutes ces tentatives lilliputiennes des sottes, des fats, des envieux ou des lâches, du haut de leur tendresse inébranlable, de leur esprit élevé et de leur indulgence dédaigneuse pour tout ce qui s'agitait en bas. Sublime égoïsme de l'amour! Que leur importait à eux, qui trouvaient le monde en eux-mêmes, ce qui n'était pas eux? Que signifiait ce passé vulgaire qu'on évoquait? Ne jouissaient-ils pas du présent le plus radieux? Que pouvait-on leur enlever, à eux, qui avaient, à des titres divers, mais égaux, la gloire, le talent, le renom, la fortune, la popularité ? Que pouvait-on leur donner ? Que leur faisaient, à ces élus de Dieu, marqués au front par le génie, les petitesses, les basses rancunes des pygmées qui s'épuisaient en vains efforts, en inventions puériles, en rages stériles, ou complots impuissants, sans pouvoir non seulement les atteindre, mais sans réussir même à se faire remarquer d'eux. Ils voulaient les troubler et leurs tentatives désespérées demeuraient inaperçues, par conséquent sans résultat ; rien ne pouvait les distraire de leur bonheur ; rien ne pouvait altérer leur confiance dans l'avenir et en euxmêmes. Ils ne s'inquiétèrent donc que fort peu des plaintes du roi d'Angleterre et des criailleries d'une petite coterie exaspérée jusqu'à la rage. Cette petite coterie, assurent les mémoires du temps, obéissait à son insu (si elle eût su quel rôle elle jouait, elle en eût eu honte) aux ordres, aux instructions d'une ancienne maîtresse du comte, fille de portier, qu'un grand seigneur avait épousée par hasard, et qui n'avait pu se consoler de l'augmentation de ses années. Il y a des femmes qui ne savent pas ne plus être jeunes, ni ne plus être aimées. Celle-là, dit malignement le révérend père Paciaudi dans une de ses chroniques, avait vu accroître ses charmes d'une façon tellement prodigieuse qu'elle sauvait la qualité par la quantité.

Que cet horrible jeu de mots soit pardonné au bon Père ! elle n'avait pas même sur le poète les droits d'une liaison cimentée par l'habitude, ni par un sentiment quelconque. Homme d'étude, mais aussi de plaisir, il l'avait prise, comme elle avait l'habitude de se donner, sans y attacher plus d'importance qu'elle n'en mettait à s'offrir. De tous ceux qui s'étaient succédé dans ses faveurs en était-il un seul qui se crût obligé de s'en souvenir ? Mais Alfieri était une de ses dernières proies, elle voulait l'accaparer. L'âge lui venait et, comme la plupart des femmes galantes de cette époque, elle n'avait rien dans l'esprit ou dans le cœur qui put lui faire oublier ses irréparables atteintes. Pour le moment elle se consolait de l'abandon secret du poète et de sa dernière douzaine de favoris, en compromettant un malheureux jeune homme — dont elle eût pu être la mère, — par le seul soupçon d'être distingué par elle ; ce dernier se laissait arrêter par faiblesse dans ces liens disproportionnés et monstrueux que le monde stygmatise et flétrit, car on leur donne une cause peu honorable qui, souvent, n'existe pas.

Au surplus, pendant ces jours de tiraillements, de luttes lilliputiennes, on vit parfois se produire des choses singulières. Un soir, par exemple, en plein concert donné chez la princesse Del D***, une espèce de cuisinière qui compromettait par la vulgarité de son langage et de ses manières, son manque d'intelligence et le décousu malpropre de sa toilette, son mari, homme de talent et de bonne compagnie s'imagina, parce que celui-ci était en possession, depuis peu, d'un petit emploi sans stabilité, que cela lui donnait le droit d'être impertinente. Sous l'empire de cette aberration, la pauvre créature s'évertua à tourner le dos à la comtesse et à se livrer à mille insolences, comme de se donner un torticolis pour éviter de la regarder, de parler d'elle à haute voix, etc., etc. ; enfin toutes les inventions saugrenues qui peuvent venir à l'esprit d'une servante endimanchée, égarée dans un milieu diplomatique ; la chose était si forte que tout le monde leva les yeux, et l'intempestive algarade déconcerta jusqu'aux ennemis de parti pris. On trouva que c'était aller trop loin ; mais, une fois lancée, une sotte a-t-elle jamais su s'arrêter ?

Quant à la comtesse d'Albany, elle ne s'apercevait de rien. Comment aurait-elle pu croire que ces audacieuses incartades avaient la prétention de l'atteindre, elle, la femme d'un roi d'Angleterre, dominant de son esprit, de sa naissance, de sa fortune et de sa position sociale toutes celles qui l'entouraient ; même en disgrâce et dépossédée commé elle l'était en ce moment, n'était-elle pas placée plus haut que celles qui croyaient avoir la puissance de l'offenser ; cela devait lui paraître si invraisemblable, que, la péronelle en question ayant laissé tomber son mouchoir, Béatrix avec une grâce exquise, le lui ramassa ingénûment ; elle fit mieux ; elle se dérangea pour laisser s'asseoir la fille de la mégère, une grande fille de 22 à 24 ans une marquise ou une duchesse de demain déjà fanée, comme les robes de madame sa mère, et ne paraissant pas mieux élevée qu'elle. La bonne femme grommela un merci qui ressemblait à une menace. On sourit autour d'elle. Ce fut la seule vengeance que la grande dame tira de la parvenue, vengeance inoffensive qu'elle ignora même toujours avoir exercée ; et, en effet, il y a des femmes dans une situation si élevée et dans une atmosphère intellectuelle et morale telle, qu'elles ne peuvent s'imaginer qu'on ait eu l'intention de leur manquer sans raison comme sans prétexte ; si elles arrivaient à le savoir, elles plaindraient ces pygmées qui s'exercent ainsi gratuitement à des aggressions, sans excuse comme sans motif, et perdent ainsi un temps qu'ils pourraient mieux employer.

Une autre coterie était composée des rivaux d'Alfieri, de ceux du moins qui s'intitulaient ainsi, qui se croyaient de taille à le paraître ; la gloire commençait à rayonner autour du front de ce grand seigneur ; cela lui donnait des proportions trop gigantesques aux yeux de ces nains infimes dont les cours abondent. Essayer de mêler un peu de fiel à l'ambroisie dont il s'enivrait à longs traits, était pour ces cervelles rétrécies, une jouissance sans pareille ; des vers charmants d'Alfieri, adressés à celle qu'il appelait sa DONNA, se placent à cette époque. Ils rendent mieux que nous ne saurions la retracer, cette phase de son existence et de sa liaison avec Mme d'Albany, liaison que nous avons tâché de résumer à l'aide de ses mémoires dans les pages précédentes. Le lecteur accueillera avec plaisir, nous n'en doutons pas, cette traduction qui stéréotype par la pensée, sinon par la forme, (nous n'avons pas pareille ambition), les sentiments et les expressions qui remplissaient, à ce moment, la tête et le cœur du grand poète.

A la comtesse d'Albany.

Il est dans l'Empyrée aux sphères éternelles
De beaux anges que Dieu créa d'azur et d'or ;
De leur corps lumineux, ôtant les blanches ailes,
Dieu fit ces esprits purs, âmes sœurs et mortelles,
    Laure, Béatrix, Léonor.

Dès que se fait entendre une voix de poète,
Dieu détache son ange et l'envoie ici-bas....
Il sait que l'homme seul est un froid interprète
Que l'inspiration fait défaut au poète
    Qu'un feu du ciel n'échauffe pas.

Car le poète est seul au milieu de la foule,
Haï comme un méchant, en proie aux ris moqueurs :
Sous sa débile main, l'appui tremble et s'écroule
Et chacun de ses jours qui vers la mort s'écoule
    Ne compte, hélas ! que des douleurs !

Je poursuivais, rêveur, ma route solitaire,
Ivre de liberté, des cours presque banni,
Lorsque soudain mes yeux se détachent de terre...
Tu m'apparais alors, divine messagère
    Qu'on nomme ici-bas, d'Albany !

Dès ce jour le passé se ternit et s'efface,
Les brouillards, les vapeurs et les douleurs ont fin ;
Et comme le soleil inondant tout l'espace,
En moi, ce sentiment anéantit la trace
    De tout ce qui n'était pas lui !

Elle est belle et riante ; elle a sur sa figure
Et dans ses yeux d'azur, éclair qui vous dit tout
Le reflet de son âme harmonieuse et pure ;
Et dans ses flots ondés, sa riche chevelure
    Semble l'or des moissons d'août.

Or elle a la beauté, la parure de l'âme,
Cet appât qui d'abord attire l'œil ravi,
Mais elle a dans le cœur cette discrète flamme,
Cette bonté qui fait que j'adore la femme
    Qui m'a sous les fleurs asservi....

J'ai longtemps résisté, je sentais en moi-même
Les vains frémissements d'une austère fierté
Hélas! cette révolte.... ah! c'était un blasphème,
Car j'ai fait à ses pieds, et Dieu sait si je l'aime,
    Abandon de ma liberté!

Et pourtant, sous le ciel n'avoir que soi pour maître!
Passer indifférent près du trône des rois,
Et, contemplant le Dieu qui nous a donné l'être
Juger, avec la loi qu'il nous a fait connaître
    D'ici-bas les mesquines lois.

Libre!!! c'est se sentir des forces surhumaines,
C'est remonter la source éternelle du beau
C'est grandir!! et pourtant, aspirations vaines
Je bénis mon servage et je baise mes chaînes
    Et je recharge mon fardeau!

Elle est en même temps, ma pensée et ma gloire,
Pour elle, j'obtiendrai des lauriers toujours verts,
Et la postérité qui saura notre histoire,
Peut-être, lui devra, de garder la mémoire
    De ce pauvre faiseur de vers!

La gloire! l'avenir! ô chimères fatales
Menant au pilori, souvent au cabanon,
Vos âcres voluptés qui font les fronts si pâles
Sont des pièges.... dorés.... aux forges infernales,
    Au fond des antres du démon.

Quoi! l'Arioste est là sur sa solide base,
Torquato, prisme errant, — Pétrarque aux doux accents,
— Le grand Machiavel dont le génie embrase,
— Et Dante, ce rayon dont la plendeur écrase :
    Oser mesurer ces géants!

Et bien ! oui ! je me sens, je veux, j'ai cette audace
La gloire m'a mordu d'un désir furieux,
Je gravirai comme eux les sommets du Parnasse,
Et, refaisant le nom de mon antique race,
    Noble, il deviendra glorieux.

Ciel bleu, soleil de pourpre, Italie ! Italie !
Terre sainte des arts, centre de l'univers,
Lorsque je dormirai sous ma tâche remplie,
J'animerai tes yeux, ô ma belle patrie
    Avec mes strophes et mes vers !

Voici le dernier né de ma muse, Madame !
C'est le cri sans écho d'un impossible amour,
Combats, déchirements, remords, toute la gamme,
Du tumulte des sens, des orages de l'âme
    Que j'osai produire au grand jour !

Jetez un doux regard sur cette œuvre imparfaite,
Vous, qui savez si bien compatir aux douleurs,
Car avec votre appui, *Myrrha*, toute inquiète,
Peut marcher hardiment et braver la tempête.
    Pour vaincre elle n'a que des pleurs !

En ce monde rempli d'embûches et d'abîmes,
Le poète est souvent frappé de cécité ;
Il ne lui suffit pas d'amonceler des rimes
Ou des strophes d'amour, fussent-elles sublimes,
    Pour percer son obscurité !

Avant que du Seigneur la terrible parole
Ne rappelle son ange à la splendeur du ciel,
O toi, ma Béatrix ! O toi, ma seule idole !
Fais refléter sur moi ta céleste auréole
    Afin de me rendre immortel !

Cependant, les petites méchancetés, les ignobles délations, les intrigues lâches, ténébreusement ourdies, s'enchevêtrèrent de telle façon que la superficie de leurs relations en fut troublée ; une séparation momentanée devint inévitable entre les deux époux mystiques, et bien qu'une sorte de divorce fut prononcé entre le comte et la comtesse d'Albany, il était nécessaire de donner à l'opinion des honnêtes gens le temps de se rasseoir, de s'éclairer. Il fallait calmer les petites rancunes de la gent moutonnière, de ceux qui font ce que les autres font, et se montrent irrités sans savoir pourquoi. Alfieri repartit donc pour Rome où il sollicita une audience du Pape, afin de lui faire hommage de son ouvrage. Il fut admis en présence du chef de la chrétienté, qui eut, du reste, le bon goût de l'affranchir du baiser de la mule, dont les Romains sont si friands.

Mais le principal mobile de cette entrevue était d'amener le Souverain-Pontife à accepter la dédicace de son *Saül* ; il espérait qu'il obtiendrait, grâce au sujet, ce que Voltaire, celui qu'on appelait l'ennemi de la religion, avait obtenu pour son *Mahomet*. Le Pape refusa, et le poète en fut pour ses génuflexions, ce qui mortifia quelque peu son immense amour-propre, mais le guérit pour toujours du métier de solliciteur. Heureusement, la muse console de tout, et de nouvelles œuvres s'ajoutèrent aux premières, déjà si nombreuses. Pendant un voyage en Angleterre, entrepris uniquement pour chercher des chevaux — il en acheta quatorze — et un séjour assez long en Alsace, à deux pas de sa Béatrix, qui était venue le rejoindre, il composa *Algiste*, *Sophonisbe*, et refit *Myrrha*. Dans la première de ces pièces, ses instincts de liberté et d'indépendance s'en donnèrent à cœur joie ; les mœurs austères de Sparte avaient enflammé sa chaleureuse imagination, et les déclamations contre la tyrannie rappellent le livre qu'il avait écrit sous l'inspiration fiévreuse où l'avait jeté la lecture du grand Machiavel, ce génie méconnu des générations, et le plus libéral, peut-être, des philosophes.

Le sujet de *Sophonisbe*, abordé par Mairet et Corneille et repris ensuite en sous-œuvre par Voltaire était séduisant à traiter. Le cinquième acte surtout, ce dénouement terrible et inattendu, promettait des émotions poignantes aux spectateurs. Alfieri, profitant des lumineux conseils donnés par Voltaire dans sa lettre au duc de la Vallière, évita avec soin tous les défauts signalés et réussit à composer une tragédie, non point sans tache, mais pouvant se lire d'un bout à l'autre sans jamais lasser.

En attaquant *Myrrha*, il fit preuve d'un grand courage littéraire. En effet, ce sujet est un des plus difficiles, un des plus scabreux même qui se puissent produire au théâtre. Il a des allures bibliques quant à l'immensité des crimes qu'il retrace, allures dont l'auteur ne peut triompher qu'à force d'art et de réserve. A ce point de vue de la difficulté vaincue, *Myrrha* serait déjà une œuvre remarquable. C'est, de plus, une tragédie originale par ses moyens et qui gradue pour le spectateur l'intérêt et la curiosité avec une science extrême. L'amour incestueux de la fille de Cyniros, bien moins acceptable que celui de Phèdre ne se manifeste que par des langueurs, des mots entrecoupés, des exclamations, des larmes contenues ; et par suite de cette tactique savante, elle parvient à intéresser profondément, comme si ces coupables ardeurs avaient la sanction des lois et des coutumes. Alfieri, du reste, ne se dissimulait pas, en abordant ce thème épineux, quels prodigieux efforts il allait faire pour soutenir pendant cinq actes, une situation uniforme, qu'il ne pouvait, sans lui nuire, accompagner d'aucun épisode ; mais le poète s'enflammait devant les difficultés.

Myrrha est sans contredit le chef-d'œuvre d'Alfieri. Est-ce parce que ce sujet lui appartient bien en propre, puisque avant lui aucun auteur n'avait osé le tirer des Métamorphoses d'Ovide, où il dormait sur la foi des siècles ? Est-ce parce que le talent d'un inimitable artiste nous en a révélé les beautés et nous les a, par conséquent, rendues plus familières. C'est une question qui peut être soulevée, mais qu'un examen bien attentif de l'œuvre ne peut tarder à trancher.

La comtesse d'Albany était en ce moment à Paris. Dans une de ses fréquentes lettres, elle raconte, par hasard, qu'elle a assisté à une représentation du *Brutus* de Voltaire. Une indignation extrême s'empare d'Alfieri, et bien qu'il l'appelle de l'émulation, il y a là un mouvement de jalousie qu'il ne peut réprimer. Celle qu'il aime a pu pleurer, s'émouvoir, devant une œuvre qui n'est pas la sienne, et devant quel *Brutus*, le *Brutus* d'un Voltaire, un poète, qui, né du peuple, s'honore de signer de son titre de gentilhomme ordinaire du roi. — J'en ferai, moi, des Brutus ! — s'écria-t-il, et de cette colère naissent immédiatement deux œuvres réellement grandioses. Le premier Brutus, le fondateur de la liberté de Rome ; le second, celui qui la délivre du dictateur arrivé au sommet de la puissance. Ces deux immortels héros de la liberté ont trouvé, dans le sauvage démocrate, échappé de la cour de Turin, un interprète chaleureux et surtout convaincu. Il y a tout lieu de penser que ces deux sujets de tragédie fermentaient depuis longtemps dans la tête du poète, et que la jalousie que lui inspira Voltaire, loué par sa maîtresse, fut l'étincelle qui enflamme la foudre. C'est un personnage coulé en bronze par l'histoire, que ce sublime fou qui rêvait la liberté de sa patrie au milieu des orgies des Tarquins, et le plus bel éloge d'Alfieri est d'avoir probablement inspiré le poète qui a donné, au théatre français, la Lucrèce qui lui manquait. Il y a cependant une réelle supériorité dans le Brutus de notre siècle. Il dissimule mieux ses grands projets ; il est plus humain ; il est plus grand surtout dans la sombre préoccupation de l'œuvre qu'il médite. Le second Brutus, le plus admiré pourtant par les générations, est moins sympathique, et, bien que son œuvre ne doive exciter que l'horreur, il aura toujours le don de captiver les masses. Que l'ingratitude soit l'indépendance du cœur, a dit un diplomate plus spirituel qu'estimable, ce n'en est pas moins un vilain sentiment, et nous croyons fort que Brutus n'a été admiré qu'en raison de la grandeur de la victoire.

Alfieri, du reste, s'était inspiré du *Jules César*, de Shakespeare, qu'il lisait souvent. Son esprit indépendant s'accommodait des allures de ce poète vigoureux, dominateur, humain, et en reconnaissant ses défauts, en les évitant surtout, il ramenait au langage de la vérité ses personnages, que son enthousiasme naturel portait un peu trop vers l'enflure et l'exagération.

Le poète était à Paris, dans une petite maison aux ombrages frais et touffus située dans le faubourg St-Germain, partageant ses loisirs entre l'amour et l'impression de ses œuvres, commencée à Hehl, lorsque son amie reçut la nouvelle de la mort de son mari.

Cette mort n'avait rien d'imprévu, car le dernier des Stuarts avait depuis longtemps à peu près perdu le sens moral au milieu des orgies continuelles auxquelles il livrait les dernières forces que l'âge lui avait laissées. La comtesse d'Albany était une âme trop élevée, trop généreuse pour ne pas être affectée de cet événement qui, pourtant, la rendait libre à jamais. Incapable de feindre ou de dissimuler, elle versa quelques larmes sur cet homme que les vicissitudes politiques avaient jeté sur la terre d'exil, et qui, peut-être, eût montré de grandes qualités, si la fortune ne l'eut précipité des marches du trône pour lequel il était né.

Alfieri et son amie se trouvèrent à Paris au commencement de la Révolution française, et bien que le poète eût chanté avec son enthousiasme ordinaire la prise de la Bastille, il ne tarda pas à éprouver tous les ennuis que le bouleversement politique pouvait occasionner à un comte et à une princesse. Le couple dût donc s'enfuir devant les manifestations hostiles de la populace ; et des contrariétés qu'Alfieri éprouva en cette circonstance, vient la haine violente qu'il avait vouée à la nation entière.

Retirés bientôt de nouveau dans leur palais de Florence, sur les bords de l'Arno, commence enfin l'existence de bonheur, rêvée par tous deux, et bien que l'âge fut venu glacer quelque peu leurs sens, ils vivaient de cette vie intellectuelle que les natures d'élite peuvent seules comprendre et rechercher. Nous ne nous appesantirons pas sur le petit poëme du *Misagalto*, cette satire mordante, échappée à la colère du proscrit de Babylone moderne, bien qu'elle puisse être considérée comme une véritable ingratitude, car Alfieri doit sa gloire tout entière à la France, à cette langue qui lui révéla la première le sentiment du beau, et lui donna le désir de se faire un nom qui égalât ceux de ses radieux auteurs. Nous passerons également sur la rage qui lui prit soudain de s'enfermer dans l'étude approfondie de la langue grecque, bien qu'elle nous ait valu son *Alceste*, une œuvre admirable encore, car, à quarante-sept ans, la tâche était ardue, mais on est habitué, avec cet homme étonnant aux prodiges de la volonté. Il apprit donc le grec ; il lut Homère, Eschyle, Sophocle, Euripide, Pindare, Anacréon, et tout fier de ce succès remporté sur cette ignorance dont il s'accuse sans cesse, il créa l'*Ordre d'Homère*, une chevalerie nouvelle dont il se déclara le grand maître.

L'Italie ne connut vraiment son pôète que lorsqu'il expira. Elle en est justement fière aujourd'hui et montre avec orgueil ces mots d'Alfieri lui-même, écrits sur son tombeau : « Fervent adorateur des « muses, ne relevant que de la vérité, et par con- « séquent odieux aux despotes qui commandent et « aux esclaves qui obéissent. »

La comtesse d'Albany repose auprès de celui qui, dit l'épitaphe vraie cette fois, l'honore à l'égal d'une divinité mortelle.

FEDERIGO BELLAZZI.

—

Certains hommes sont, pour ainsi dire, marqués par le doigt de la fatalité ; c'est en vain qu'ils luttent, qu'ils s'élèvent, qu'ils triomphent momentanément : leur succès est éphémère. Aux obstacles franchis succèdent des difficultés nouvelles ; la lutte qui paraissait finie doit être reprise ; à chaque pas fait dans la vie, cette lutte devient plus laborieuse, plus âpre, plus énervante, elle fatigue non-seulement le corps, mais elle use le ressort moral. La stérilité des efforts émousse l'activité, les aspirations s'éteignent, le doute s'empare de l'esprit. On voit passer à travers les rêves d'une imagination maladive, la sinistre figure du fatum antique s'acharnant sur ses victimes ; sollicité, irrité, vaincu par de funestes obsessions, on se laisse envahir d'abord par la désillusion qui, ainsi que l'espérance a ses ivresses, puis, on en arrive à douter, puis, enfin, on se livre tout entier au désespoir et l'on n'aspire plus qu'au repos. Tel fut Federigo Bellazzi.

Bellazzi était Milanais ; sa famille extrêmement pauvre ne pouvait songer à lui faire donner une solide instruction ; elle avait résolu d'en faire un artisan. Mais l'enfant était admirablement doué ; il était intelligent et laborieux ; il avait un goût prononcé pour les études abstraites ; enfin l'histoire séduisait sa vive imagination empreinte de mélancolie et de mysticisme. La pauvreté de sa famille le forçait à lutter contre ses penchants studieux mais peu lucratifs ; il fallait vivre et trouver même dans son travail les ressources utiles pour tous ; Bellazzi ne voulut pas être une charge pour les siens ; il réfléchit longtemps ; puis il prit résolument son parti : il entra au séminaire.

Ce fut sous l'habit du prêtre, et dans le silence du cloître, qu'il parcourut presque tout le cercle des connaissances humaines ; l'histoire, la philosophie, les mathématiques absorbèrent ses jours et ses nuits ; il se livra avec frénésie à cette étude qu'il adorait, il but à longs traits à cette coupe de l'instruction qui ne désaltère entièrement que les intelligences médiocres ou faibles ; mais avec l'instruction les idées se développèrent dans son cerveau : il comprit que l'homme n'est pas jeté sur la terre pour réciter des patenôtres ; l'histoire lui avait appris que la patrie a plus besoin d'hommes d'action, que d'hommes de prière et que les Machabées valent bien les Jérémie. Aussi le toscin de 1848 avait à peine jeté ses premiers tintements dans les airs, que le jeune néophyte, dépouillant un habit qui n'était point fait à sa taille, courut aux barricades. Il s'y comporta de telle façon qu'il fut immédiatement choisi comme secrétaire du gouvernement provisoire. Contraint de s'enfuir après la capitulation de Milan, il eût la patriotique précaution d'emporter avec lui tous les documents dont la connaissance ou la publication eussent pu compromettre les citoyens dévoués à la cause nationale ; son intention était de les consigner à l'autorité dès que l'Autrichien aurait été chassé du Milanais ; mais la catastrophe de Novare l'empêcha de donner suite à ce projet. En conséquence Bellazzi, du consentement des citoyens les plus recommandables, remit ces papiers à Carlo Cattaneo qui s'en servit avec fruit pour faire son magnifique ouvrage intitulé *Archives triennales des faits italiens*. En 1850, Bellazzi fut choisi par le marquis Crivelli, comme précepteur de ses deux fils; il remplit ces fonctions jusqu'en 1860; il y mit le zèle et l'activité qu'il déployait partout et toujours.

Lorsque Garibaldi partit en 1860 pour la Sicile,

Bellazzi suivit l'illustre général ; Bellazzi se dévoua au héros de Marsala, comme il avait l'habitude de se dévouer, c'est-à-dire avec la plus complète abnégation. Secrétaire de Garibaldi il le suivit partout en Sicile, à Naples, à Caprera, puis plus tard dans toute l'Italie, lorsqu'il s'agit d'établir les comités de *provedimento* et de constituer les tirs nationaux. Pendant toute cette période, l'existence de Bellazzi se mêle et se confond avec l'existence de Garibaldi. Cette vie commune, ces relations d'amitié se continuent jusqu'en 1862, alors que Garibaldi, égaré par de perfides conseils, compromit à Sarnico et à Aspromonte sa personnalité jusque-là inattaquable et inattaquée. A ce moment, l'amitié chez Bellazzi fit place au patriotisme ; il alla trouver le général, lui parla à cœur ouvert, en honnête homme. Faisant appel à ses meilleurs sentiments, il lui expose simplement et noblement sa douleur d'être obligé de se séparer de l'ami qu'il chérit et du héros qu'il vénère ; il le supplie à genoux de renoncer à un projet qui de Cincinnatus va faire un Catilina. Prenez garde, général, lui crie-t-il dans un dernier adieu, vous allez devenir un mauvais citoyen !

A partir de ce jour, Bellazzi rompit avec Garibaldi ; nommé député en 1860, Bellazzi cessa en 1861, de voter exclusivement avec la gauche ; il entra dans les rangs du tiers-parti et devint l'ami de M. Rattazzi. M. Rattazzi avait reconnu les qualités de Bellazzi ; il l'avait jugé tel qu'il était, c'est-à-dire intelligent, travailleur, dévoué, discret et consciencieux ; il savait qu'il pouvait compter sur Bellazzi comme sur lui-même ; aussi il l'aimait sincèrement. En 1867, au mois de septembre, Bellazzi fut nommé préfet de Bellune ; il était temps que le gouvernement récompensât un patriote, aussi pur, aussi désintéressé ; il était temps, je le répète, car le pauvre Bellazzi avait épuisé toutes ses ressources : il avait été secrétaire de Garibaldi ; il avait assisté à l'expédition de Sicile, il avait été l'ami d'un dictateur, il était à ce moment l'ami d'un premier ministre et il n'avait pas, pour toute fortune, cent francs dans sa chambre garnie !...

Enfin, il était préfet : c'était une position, c'était un avenir ; intelligent et laborieux il aurait fait un chemin rapide ; il allait en outre être heureux, car il était sur le point d'épouser une charmante jeune fille qu'il adorait de toutes les forces de son cœur et qu'il n'avait pas voulu associer à son sort, tant que son avenir n'avait pas été presque assuré ; eh bien ! voyez la fatalité ! Le ministre tombe et Bellazzi est destitué.

Frappé dans ses affections, frappé dans sa carrière, frappé dans sa fortune, Bellazzi ne put voir de sang-froid s'écrouler l'échafaudage de son bonheur ; il était, ainsi que je l'ai dit plus haut, pauvre, presque sans ressources, il n'avait plus de position ; son mariage ne pouvait avoir lieu ; il avait épuisé durant cette longue lutte toute son énergie, toute sa force de résistance ; miné par la maladie, torturé par la nécessité, soutenu par une noble mais condamnable fierté, il douta de tout, de la Providence, de l'amitié, de la raison, et, vaincu par la fatalité, il se tua de trois coups de révolver qu'il eut la force et la sauvage énergie de se tirer au cœur : il avait à peine quarante ans !

Pauvre et cher Bellazzi ! Cependant, comme nous t'aimions tous ! et comme nous tous aurions été heureux de pouvoir être utile à une nature d'élite comme la tienne, à un patriote aussi honnête, aussi désintéressé que toi !

Son testament fut un véritable cri du cœur. Ecoutez, en la dernière ligne il est adressé à sa fiancée :

« A Guilia

« ora e sempre spero

. . . .

. . . . « mi pardonmi gli amici tutti e Rattazzi che tanto amai ! »

Federico Bellazzi.

Ces lignes étaient encore humides, que cette victime de rancunes politiques, des petites haines de parti, n'était plus!

LE COMTE
PIERRE LOUIS BEMBO.

DÉPUTÉ.

Prononcer le nom de Bembo, c'est évoquer l'image de Venise, tour à tour glorieuse, martyre et régénérée. Le comte Bembo n'est pas seulement un des plus intelligents patriotes italiens, c'est encore, et surtout, un Vénitien de la vieille roche, un fanatique du sol natal : Venise, pour lui, résume le monde entier. Cet attachement dévoué, sincère et profond, presque exclusif, lui ralliera sans doute toutes les sympathies des poëtes, mais il se distingue, d'ailleurs, par d'assez éminentes qualités pour nous paraître une des plus intéressantes personnalités dont nous puissions essayer le portrait.

Assurément, Bembo n'a été ni le frère ni le compagnon de Manin, mais, qu'importe la bannière, lorsque le but est le même et que l'on rêve et poursuit, à sa manière, mais avec une égale ardeur, la gloire et le bonheur de son pays.

A chacun sa voie !

Le nom de Bembo est écrit sur le livre d'or de la cité des Doges. Les membres de cette famille patricienne figurent, de temps immémorial, dans les annales de l'armée, de l'administration, des sciences et des lettres. Le dernier comte, celui dont nous nous occupons, est né à Venise en 1824. Orphelin de bonne heure (son père étant mort et sa mère remariée en secondes noces), presque livré à lui-même, Pierre-Louis Bembo appliqua aux études les plus sérieuses toutes les aspirations de sa jeunesse, tous les ressorts de son esprit, et, c'est peut-être à cela qu'il faut attribuer ses allures généralement graves, et la teinte de mélancolie qui est le propre de sa physionomie. Après avoir suivi avec succès les cours de droit, il s'occupa spécialement d'économie politique, et, jeune encore, fut nommé assesseur du municipe de Venise.

Il se consacra tout entier à ces importantes fonctions et, mettant à profit ses connaissances acquises, il s'efforça de faire accepter par l'administration communale, les réformes qui lui semblaient les plus nécessaires. Peu à peu, toutes les affaires lui passèrent par les mains, et il devint, de fait, la cheville ouvrière du municipe. C'est à cette époque qu'il publia, à Milan et à Venise, deux opuscules qui firent sensation. Le dernier avait pour titre : *Sopra i contratti di sowenzione a sollievo del prestito forzoso imposto dall' Austria.*

Quelque temps après, le célèbre publiciste, trop tôt enlevé à l'Italie, J.-B. Zannini, lisait à l'Institut des sciences, des lettres et des arts de Venise, un long travail sur la *ristorazione economica delle provincie Venete.* Bembo y répondit par une critique courtoise, mais pleine de vigueur : il démontra l'abîme qui sépare la théorie de la pratique, et les difficultés de l'application, s'appuyant sur les preuves irréfragables que lui fournissaient son expérience et ses études, rendant d'ailleurs justice à l'économiste de Bellune. A travers ces occupations si graves et si diverses, Bembo trouvait encore le temps de s'occuper spécialement des établissements d'assistance publique. Convaincu de la nécessité de bien connaître leur origine, leur but, leurs ressources et leurs besoins pour les administrer ou pour les réorganiser, il les visita tour à tour, sans relâche, les étudia dans leur mécanisme et leur organisation et publia, à ce sujet, une série d'intéressants articles, dont quelques-uns furent reproduits par les journaux autorisés de l'Europe savante, notamment par le *Journal des Economistes*.

Toùt désignait Bembo comme devant être le premier magistrat de Venise dans un avenir prochain; son élection de 1859 ne surprit donc personne. Nous ne suivrons pas le nouveau podestat dans tous les actes d'une administration diversement appréciée. Disons, seulement, qu'à travers les nombreux obstacles auxquels il dut fatalement se heurter, il laissa toujours de côté la question politique pour ne s'occuper que d'améliorations administratives et sociales.

Je citerai cependant un épisode important de sa vie publique, qui a dû exercer une grande influence sur son avenir politique.

Quelques mois avant la chûte du régime autrichien, à la suite de circonstances qu'il n'y a pas lieu de rappeler ici, il se trouva en opposition déclarée, presqu'en hostilité, avec M. de Toggenburg, le lieutenant de l'empereur. Loin de céder, comme on aurait pu l'attendre de son caractère conciliant et pacifique, le comte Bembo maintint son droit dans toute sa rigueur, et se refusa à toute concession.

La fermeté dont il donna la preuve en cette circonstance, lui fit le plus grand honneur et lui rallia un grand nombre de ses concitoyens, qui, tout en professant une haute estime pour son caractère, s'étaient, jusque-là, cependant, écartés de lui.

Aussi, lorsqu'eurent lieu les premières élections dans la Vénétie redevenue italienne, s'il ne fut pas nommé, obtint-il, du moins, dans plusieurs colléges, un assez grand nombre de voix pour être consolé de son échec (échec qu'il faut surtout attribuer au prestige que, pour les masses, l'exil attachait à certains noms). Mais un peu avant la chûte du ministère Ricasoli, quand les comices électoraux furent de nouveau convoqués, il fut nommé à une majorité telle qu'il réunit à lui seul, plus de voix que ses compétiteurs ensemble, et cela, dans trois colléges.

Dans les commissions parlementaires, l'opinion du député Bembo fait autorité; s'il monte à la tribune (pardon! j'oublie toujours qu'au Palais-Vieux les orateurs ne quittent pas leur place) sa parole est favorablement écoutée; mais il la prend rarement, à moins qu'il ne s'agisse des intérêts de sa chère Venise.

Au physique c'est un homme jeune encore, d'aspect agréable, courtois, distingué, de tenue aristocratique, mais d'une réserve excessive. Son abord est froid; la glace rompue, la connaissance faite, il devient un agréable causeur dont la conversation est instructive et intéressante.

En somme, le comte Bembo appartient au meilleur monde : il est très-instruit, fort aimable ; c'est un patriote raisonnable, c'est un Vénitien pur-sang.

Dans ce dernier mot est son meilleur éloge.

Bembo a épousé une charmante femme, spirituelle et lettrée comme l'ont toujours été les Vénitiennes, ces Grecques modernes, chez lesquelles l'esprit et l'érudition sont traditionnels. La comtesse Bembo est une des étoiles de ce salon de l'Italie, qu'on appelle Venise.

M. LE COMMANDEUR
LOUIS RANCO,

DÉPUTÉ AU PARLEMENT ITALIEN.

—

C'est un préjugé qui court le monde que les administrations de chemins de fer soient uniquement peuplées d'agents actifs, ponctuels, réguliers, mais en même temps, rudes, brutaux, mal élevés, bons, tout au plus, à la police d'une gare, à la surveillance, ou à l'organisation d'un train, incapables de tenir leur place dans le monde, et d'y être accueillis. Cette appréciation rappelle, à mon sens, ce touriste anglais qui, mettant le pied sur le continent et rencontrant, sur la jetée de Calais, trois femmes bossues, écrivait sans retard sur les feuilles de son *hand-book* : « Toutes les Françaises ont le dos rond. » Sur deux ou trois regrettables exceptions, établir une règle générale, me paraît absolument illogique. Certes, l'importance, la responsabilité des chemins de fer, nécessitent pour les employés, (surtout dans les services actifs), une discipline presque militaire et les oblige à la stricte observation des ordres reçus, au rigoureux accomplissement de leur devoir; mais la plupart sont polis, obligeants même, dans la limite du possible. Le personnel administratif se recrute, à la fois, parmi les anciens officiers, les gens du monde, les élèves des Lycées, et des écoles spéciales; les compagnies demandent des garanties à leurs employés, et, parmi ces derniers, le plus grand nombre sont intelligents, instruits et capables. Il n'en saurait être autrement, lorsqu'on voit à la tête des grandes exploitations des hommes supérieurs, véritables illustrations industrielles et scientifiques. Tels (sans parler du regrettable et regretté Perdonnet) MM. Giraud Petiet, Jullien, Paulin Talabot ! J'en pourrais citer vingt autres, mais j'ai hâte de dire que sous ce rapport, comme sous bien d'autres, l'Italie marche de pair avec la France, et qu'à côté des noms que je viens de rappeler, on doit placer celui du commandeur Ranco, directeur du chemin de fer Victor-Emmanuel.

Ranco, qui passe à bon droit pour un des hommes les plus capables et les plus actifs de l'Italie, a une physionomie qui lui est propre, et qui mérite d'être étudiée. Au physique, c'est un homme grand, bien découplé, aux larges épaules, portant haut la tête et respirant la force et la santé. Tout révèle en lui l'habitude du commandement ; ses cheveux et sa barbe qu'il porte tout entière, sont d'un noir de jais et lui donnent un aspect sévère; son regard est vif, interrogateur, plein de franchise, mais un peu dur; ses sourcils se froncent volontiers; en revanche, lorsqu'il sourit, son visage s'éclaire et prend soudainement une expression de charmante bonhomie. M. Ranco est encore dans la force de l'âge. Né en Piémont, il fit ses études à Turin et concentra sur les mathématiques toutes les forces et les aptitudes de son esprit. Il obtint de bonne heure son diplôme d'ingénieur, et, depuis, il a attaché son nom aux plus grands travaux qui se sont faits en Italie. Ingénieur en chef du Gouvernement, dans la province de Voghera, il dirigea les travaux de la construction du tronc de Novi à Gênes, la partie peut-être la plus difficile à exécuter de toute la voie ferrée. Nommé commissaire royal technique des chemins de fer de Savoie, il eut pour mission d'étudier l'ensemble du réseau savoisien et il s'en acquitta avec le plus grand succès. A la suite de l'annexion des provinces napolitaines, il fut envoyé à Naples comme commissaire extraordinaire des travaux publics; puis, le projet de ligne de St-Michel à Culoz n'ayant pas été bien exécuté, il fut nommé directeur de la Société Victor-Emmanuel, tant pour le réseau italien que pour le réseau de Savoie. C'est cette haute position qu'il occupe encore aujourd'hui.

Les travaux de M. Ranco ont été récompensés par l'estime générale qui l'entoure, la réputation qu'il a acquise, les distinctions dont il a été l'objet. Il est commandeur de l'ordre royal des S.S. Maurice et Lazare et officier de la Légion-d'honneur. Député au Parlement italien, il y siége sur les bancs de la gauche modérée. Patroné par le comte de Cavour, il resta longtemps le caudataire de cet homme d'Etat. Ai-je besoin d'ajouter que le commandeur Ranco n'est point ambitieux? On assure que, dans une des dernières combinaisons ministérielles, il a refusé le portefeuille des travaux publics qui lui avait déjà été plusieurs fois proposé, dit-on.

M. Ranco a les défauts de ses qualités; il est d'une vivacité extrême, impétueux à l'excès; mais cela tient à l'exubérance de sa nature. Sa bonté est toutefois proverbiale; jouissant d'une fortune considérable il en fait le meilleur usage, et les malheureux ne l'ont jamais imploré en vain. L'étude et le travail ne l'absorbent pas cependant entièrement. Le savant ingénieur, l'homme pratique est en même temps un homme du monde. Les causeries intimes, en petit comité, les bals, les fêtes, le théâtre, l'Opéra, le ballet, se partagent les heures que lui laissent l'étude et les affaires. Enfin, gourmet des lettres, Monsieur Ranco lit volontiers tout ce qui se publie d'original et de piquant ; en outre il aime et encourage les arts, — sans en excepter la danse.

LE BARON NICOTERA,

DÉPUTÉ AU PARLEMENT ITALIEN.

—

On a souvent médit de nos députés de l'opposition, surtout des méridionaux; certaines gens, qui dénigrent de partis pris, ont prétendu qu'ils étaient, pour la plupart, mal élevés, farouches et demi-sauvages. Quant à ceux dont la puissance est notoire, la valeur incontestable, on s'est plu à les qualifier de tribuns de carrefour, d'orateurs de ruisseau! C'était le cri de l'incapacité jalouse, de la camorra impuissante. Mais ces insinuations perfides n'ont eu d'autre effet que de faire hausser les épaules à ceux qui en étaient l'objet. Le monde sait, en général, à quoi s'en tenir sur nos honorables représentants. Quant à moi, j'ai eu l'occasion l'année dernière de me convaincre *de visu* de l'inanité de ces attaques. J'assistais à une soirée dansante qui réunissait les sommités parlementaires, les illustrations de la presse, des arts, et de charmantes jeunes femmes. On s'amusait avec le plus vif entrain, lorsque je remarquai, au cotillon, le cavalier qui le conduisait ; c'était un homme jeune encore, de taille élégante, aux formes courtoises. Il s'acquittait de ses fonctions de maître de ballet avec la meilleure grâce du monde. Je demandai son nom.

— C'est Nicotera, me répondit-on, ne le reconnaissez-vous pas?

— Quoi, Nicotera le vaillant soldat, le fougueux député, l'ami de Garibaldi, qui conduit un cotillon?

— Sans doute !

— Mais n'a-t-il pas été blessé en duel ces jours derniers ?

— C'est encore vrai, sa pâleur même vous indique qu'il n'est pas encore complètement remis, mais sa blessure ne l'empêche pas de danser !

J'eus, dans le courant de la nuit, l'occasion de causer avec le baron Nicotera (car il est bel et bien baron, et d'une ancienne famille) et j'ai pu me convaincre que c'est un esprit élégant, orné, brillant, qui habille sa pensée d'une forme vive, leste, piquante, qui surprend et séduit. Je m'expliquai alors l'enthousiasme qu'il excite à Naples !

Chacun a son défaut, dit-on : pourquoi Nicotera n'aurait-il pas le sien? (encore en est-ce bien un ?) il est batailleur : il ne compte pas plus ses blessures que les épisodes de sa vie accidentée.

Le baron Nicotera est d'origine calabraise : issu d'une famille patricienne, comme nous le disions, il est né à Sambruse, petite ville de la province de Catanzaro, en 1828. Destiné au barreau, il abandonna bien vite cette voie pour se donner tout entier à ses instincts patriotiques. C'est ainsi qu'en 1848 il prit part au mouvement des Calabres ; en 1849 il combattait dans les rangs de la milice républicaine avec le grade de capitaine et fut grièvement blessé par une balle française sous les murs de Rome. Obligé de se réfugier à Turin, il prit part avec les autres émigrés et, surtout, avec le glorieux et illustre Pisacane, son ami et son frère d'armes, à toutes les tentatives qui précédèrent l'affaire de Marsala. Blessé de nouveau à Sanza et fait prisonnier, il fut conduit à Salerne par les bandes sanfédistes et les troupes bourbonniennes. Mis en jugement, il fut, en présence de ses juges, admirable d'attitude et attira sur lui tous les regards de l'Italie. On le condamna à mort, mais la peine capitale fut commuée en celle des galères à perpétuité. La révolution de 1860 le rendit à la liberté. Rentré sur le continent, Nicotera prit le commandement d'un corps de volontaires qui s'organisèrent alors dans l'Italie centrale contre la domination pontificale. Enfin, il fut nommé général et aide-de-camp de Garibaldi, sous les ordres duquel il fit la campagne de 1866.

Député aux trois derniers parlements, il siége à l'extrême gauche et il apporte au soutien et à la défense du parti démocratique, l'ardeur qui le faisait remarquer sur les champs de bataille.

Homme du monde, Nicotera est élégant, distingué, spirituel ; sa conversation et sa physionomie sont pétillantes de finesse, d'entrain et de vivacité.

De sa vie privée, que dire ? sinon qu'il est heureux. Il est l'époux d'une aimable et gracieuse femme qu'il aime et dont il est aimé, et son intérieur, poétique et charmant, est encore embelli par la présence d'une adorable jeune fille de quinze ans, qui promet d'être une merveille de beauté et d'esprit, comprenant tout, devinant tout, une artiste, une savante, une héroïne de l'avenir. Cette petite fée, cette orpheline illustre, cette Benjamine de Naples et des Napolitains, est l'enfant qu'il a adoptée à la mort de son cher et fidèle compagnon Pisacane ; de Pisacane dont le testament, que le baron Nicotera me lut un jour lui-même, soulignant les passages les plus émouvants de sa voix harmonieuse, timbrée et sympathique, est une des pages les plus éloquentes et les plus admirables que je connaisse. Heureux les partis que représentent et que défendent de semblables hommes !

MAURICE DE SONNAZ.

—

Avec quel sourire d'incrédulité on eut accueilli, il y quelques années à peine, la nouvelle qu'un général italien, adversaire déterminé pendant vingt ans des Autrichiens, contre lesquels il avait combattu sur tous les champs de bataille de l'indépendance italienne, serait allé porter à François-Joseph de la part du Roi son maitre, une des plus grandes marques d'estime et d'amitié dont il puisse disposer, le collier de l'ordre suprême de l'Annonciade ! Quel étonnement eût produit le récit de sa réception à Vienne, réception empreinte non seulement de cordialité, mais presque d'enthousiasme, des fêtes organisées pour lui à la Cour, de la sympathie de l'aristocratie et de l'armée, des acclamations du peuple sur son passage lorsqu'il accompagnait l'empereur, des honneurs dont on l'a comblé, des marques de regret dont son départ a été le signal !

Tout cela vient de s'accomplir sous nos yeux. L'arrivée du général Maurice de Sonnaz dans la capitale de l'Autriche a inauguré une ère nouvelle pour l'avenir des deux pays, en nouant des relations intimes qni vont changer d'antiques haines en liens de fraternité.

Nous croyons faire chose agréable à nos lecteurs en retraçant, brièvement et à grands traits, la vie de l'homme de guerre qui a su mériter d'être choisi entre tous, par son souverain, pour représenter, auprès des Hapsbourg, la monarchie et l'armée italiennes.

Rejeton d'une souche aussi ancienne qu'illustre, Maurice de Sonnaz naquit à Turin le 26 novembre 1816. Il fut destiné dès ses premières années à la carrière des armes, que plusieurs de ses ancêtres avaient suivie avec éclat, et qui a donné tant de vaillants soldats à la défense de la patrie. Il entra, très-jeune encore, à l'Académie militaire de Turin, déjà illustrée par le célèbre poète Alfieri et par d'autres hommes éminents, et en sortit en 1835 avec le grade de sous-lieutenant de cavalerie.

Intrépride, entreprenant, d'un courage à toute épreuve et d'une rare fermeté de caractère, de

Sonnaz est devenu une des gloires des armées piémontaise et italienne. Constamment favorisé par la fortune, ses grandes qualités intellectuelles et sa capacité militaire hors ligne, lui ont assuré des succès continuels dans les nombreuses opérarations stratégiques dont il a été chargé. En 1848 il commandait un escadron à Custozza. Attaqué par un corps ennemi, de beaucoup supérieur en nombre, il le chargea à plusieurs reprises et le dispersa. L'affection qu'il inspirait à ses soldats et l'entrain qu'il savait leur communiquer au feu, furent les causes principales de ce beau succès, qui lui valut la médaille d'argent de la valeur militaire. Il protégea ensuite la retraite de l'armée sur Volta et Goito, d'une manière si efficace qu'il fut promu au grade de major.

A la néfaste bataille de Novare, De Sonnaz ne démentit point la réputation de bravoure et de résolution qu'il s'était faite. En récompense de sa belle conduite on lui confia le commandement du régiment des chevaux-légers de Montferrat, qui venait d'être organisé.

1859 le trouva au commandement de trois régiments de cavalerie légère. Il protégea brillamment les positions avancées de l'armée sarde, et, lors de la jonction de celle-ci avec l'armée française, ses troupes furent incorporées dans la division Forey,

8

sous les ordres du maréchal Baraguey d'Illiers. Il prit part avec elle à la bataille de Montebello, où la cavalerie italienne fut superbe d'élan et d'héroïsme. L'intrépide De Sonnaz resta toute la journée exposé à la tête de ses régiments. Les Autrichiens occupaient des hauteurs qu'il fallait emporter ; le général reçut l'ordre de s'en emparer à tout prix car l'ennemi était maître de positions formidables : il fit une résistance désespérée ; quatre fois De Sonnaz fut repoussé après des charges magnifiques, qui firent l'admiration de l'état-major français. A la cinquième les Autrichiens vaincus se retirèrent en désordre. Tant de fermeté, d'intelligence et d'héroïsme furent récompensés par la médaille d'or, distinction accordée très-rarement dans l'armée italienne. L'empereur Napoléon lui remit la croix de la Légion d'honneur sur le champ de bataille même.

De Sonnaz commandait en 1860 une division en Toscane, lorsqu'il reçut l'ordre de passer la frontière et d'envahir l'Ombrie et les Romagnes. Il chassa les Suisses de Citta di Castello et de Pérouse, après une vigoureuse défense et assista au siége d'Ancône.

C'est à lui qu'on doit la courte durée et la brillante réussite de cette importante opération. Il conçut et mit à exécution avec succès un plan d'une hardiesse inouïe. Les fortifications formidables qui couronnaient les hauteurs du Monte Pelago et de Monte Pulito furent attaquées à la baïonnette et emportées après une lutte sanglante.

De Sonnaz est aujourd'hui lieutenant-général, premier aide-de-camp de S. M. et Grand Veneur, position qui est loin d'être uue sinécure sous Victor-Emmanuel, ce Nemrod du 19e siècle. Son caractère franc, loyal et désintéressé, et un dévouement sans bornes, lui ont attiré l'estime et l'amitié du Roi Galant-homme, dont il est devenu le compagnon inséparable.

Le général Maurice de Sonnaz a siégé comme député au Parlement sur les bancs de l'opposition ; ses opinions libérales et son patriotisme n'ont jamais fléchi. Sa modestie a réussi à cacher longtemps un acte d'abnégation et de vertu civique digne de l'antiquité.

Sa tante, la marquise de Colbert-Barolo, dernière héritière d'une haute famille patricienne, et possédant une immense fortune, l'avait déjà trouvé rebelle à ses désirs lorsqu'à l'époque de l'annexion de la Savoie elle lui avait demandé d'abandonuer l'Italie et de prendre service dans l'armée française. Au moment où le général recevait l'ordre d'entrer sur le territoire du St-Siége, elle lui écrivit en le conjurant de briser son épée et d'abandonner les rangs d'une armée révolutionnaire et sacrilège, et termina en disant : « Je te ferai riche d'une richesse que jamais tu n'as rêvé. Si tu me refuses, je te déshérite. »

Maurice de Sonnaz répondit : « L'argent ne me fera jamais transiger avec mon devoir ni avec mes opinions : faites de votre fortune ce que vous voudrez. »

Un an plus tard la marquise mourait sans laisser un denier à son neveu, son plus proche héritier, et léguant tous ses biens à l'église. Renoncer à cinq millions pour rester fidèle au devoir et à l'honneur, est une chose très rare dans un temps où l'on parle beaucoup d'héroïsme, de sacrifices sur l'autel de la patrie, mais où la puissance de l'or domine tout. Un tel exemple de désintéressement, de la part d'un brave soldat, ne doit rester ignoré ni de ses concitoyens ni de la postérité.

L'AVOCAT SALVIATI

ET

MURANO.

Une des figures qui m'ont le plus frappée pendant mon séjour à Venise, c'est celle de l'avocat Salviati. M. Salviati est directeur d'une fabrique de mosaïques sur le Grand-Canal, et d'une verrerie à Murano. Sous un extérieur simple, grave, modeste, se cache un savant sérieux, et un chercheur persévérant, un éminent artiste. M. Salviati sait beaucoup et cause bien, la discussion ne lui déplaît pas, et c'est avec une heureuse finesse qu'il manie le paradoxe et l'ironie. Sans accepter toutes ses idées, on l'écoute avec plaisir et l'on ne peut que lui savoir gré de la forme nette et précise dont il revêt ses convictions. Il parle franc et sans ambages et c'est un mérite d'autant plus louable qu'il est plus rare aujourd'hui. Comme artiste, il a une valeur hors ligne ; si, comme il nous l'a dit, c'est la lecture des *Maîtres Mosaïstes* qui l'a poussé dans la voie qu'il suit avec tant d'efforts et de si merveilleux résultats, Georges Sand a pu en être justement fière, comme elle le lui a écrit, dans une charmante lettre, que j'ai le regret de ne pouvoir transcrire ici. Je dois à l'obligeance de M. Salviati le plaisir d'avoir visité en détail ses deux établissements: dans les ateliers de mosaïque, j'ai vu des choses charmantes et très-réussies, et il est impossible qu'on fasse mieux, même aussi bien, à Florence et à Rome. Sans parler de tous les petits objets dont le fini défie l'œil le plus exercé, j'ai admiré les tables de marqueterie, où les différentes pièces d'émail se superposent et s'emboîtent hermétiquement, l'une dans l'autre, des mosaïques murales destinées au tombeau du prince Albert, des têtes de madones, et enfin une Cène, grandeur naturelle, (alors en préparation) pour l'église de Westminster. Une chose m'a frappé dans cette dernière composition, c'est que le Christ y est représenté debout. M. Salviati, auquel j'en ai fait l'observation, m'a répondu que le Christ assis, était une affaire de convention et non de tradition, rien ne l'indiquant dans les saintes Écritures ; cela peut être vrai ; en tout cas, si c'est une hérésie, je lui en laisse la responsabilité. Les deux pièces capitales envoyées à l'Exposition de Paris, et qui lui ont valu la décoration de la Légion-d'Honneur, sont deux portraits, grandeur naturelle, du roi Victor-Emmanuel et de l'empereur des Français (ce dernier d'après Winterhalter). L'effet en est surprenant ; à cinq ou six pas l'illusion est complète, la ressemblance frappante, et il faut y regarder de bien près pour reconnaître que c'est de la mosaïque et non de la peinture à l'huile. Toutes les finesses de teintes et de ton, tous les effets de lumière, sont heureusement reproduits. C'est vraiment incroyable ; et si l'on n'en avait la preuve sous les yeux, il serait bien difficile de se figurer qu'il soit possible d'arriver à cette perfection par la simple juxtaposition de petits cubes d'émail. Mais bien d'autres étonnements m'attendaient à Murano.

Le trajet de Venise à Murano est rapide et se fait en gondole : c'est une charmante promenade. Arrivés à la Verrerie, nous visitons d'abord les magasins des modèles et des échantillons. Bien qu'à cette époque le dessus du panier, eût été déjà expédié à Paris pour l'exposition, il restait

encore assez de chefs-d'œuvre pour qu'on pût se
faire une idée de la fabrication de M. Salviati. Voici
d'abord d'énormes plateaux qu'on dirait préparés
pour le repas des héros d'Homère ; ils sont d'une
pièce et fondus d'un jet ; des vases, des amphores
des carafes de toutes formes, de toutes dimensions,
rappelant tous les styles depuis l'antique jusqu'aux
bizarreries du goût moderne : des verres de toutes
grandeurs, du simple vidercome au calice qui s'é-
panouit sur une tige en torsade, traversant un fouil-
lis de serpents, porté sur un pied léger, droit et rapide comme une fusée; des coupes aux allures bizarres, brodées comme un voile de mariée, joignant à
la transparence du verre les couleurs les plus riches,
les plus éclatantes, des paillettes d'or et d'argent, et
tout cela si frêle, si mince qu'il semble qu'un
souffle va les briser : ce n'est pas du verre, c'est
de la mousseline, de la dentelle ! Par quels procédés est-on parvenu à cette ténuité de matière, à
cette délicatesse d'ornements ? là est le secret de
l'artiste. Ce que l'on peut toujours constater, c'est
que les nuances diverses (et quelques-unes sont de
découverte récente) ne sont point ajoutées après
coup; elles font partie intégrante du verre lui
même et paraissent une incrustation ; les différentes pièces ne se fabriquent pas non plus par morceaux, pour être réunies et soudées plus tard

(comme se fait l'horlogerie de Genève). Le même ouvrier achève ce qu'il a commencé et, de l'objet le plus simple à l'œuvre la plus compliquée, rien ne sort de l'atelier que terminé, fini par une seule main. Les verreries les plus renommées de Baccarat, de Saint-Louis et de Bohême sont bien distancées par de semblables produits. On peut dire que ce n'est plus de l'industrie, mais de l'art, de l'art véritable. Rien n'est plus curieux et plus intéressant que d'assister à la fabrication de ces petits chefs-d'œuvre. Vous entrez dans l'atelier, les fours sont chauffés, les ouvriers sont à leur poste, vous vous asseyez et le travail commence. Un tube de fonte et des pinces dentelées, voilà les outils ; un petit bloc de verre brut, voila là matière. Ce bloc, mis en fusion, est retiré du four au bout du tube, à un degré qu'il faut attendre et ne jamais dépasser ; l'ouvrier souffle rapidement pour que le refroidissement ne se produise pas trop vite ; un gonflement se produit, le tube se redresse, et, sur deux supports horizontaux subit un mouvement de rotation, tandis que les pinces, pénétrant dans la cavité incandescente, relèvent les bords en les dentelant et en écartant le verre également, plus ou moins, suivant qu'il s'agit d'un récipient ou d'un pied, d'un vase concave ou d'un plateau ; ce premier résultat obtenu, le tube retourne au four pour maintenir la chaleur, puis l'aide-verrier, apporte au bout d'une autre tige, une petite masse de verre en fusion qu'il laisse un peu couler ; l'ouvrier rattache ce petit ruban, en coupe une longueur suffisante, et, à l'aide de ses pinces, le façonne en perles, en arabesques, en médaillons, en chiffres, en figurines, qui formeront le fût et les anses. Prenant ensuite un autre bloc préparé d'avance, dans certaines proportions, et chauffé à point, il recommence sa première opération, façonne la coupe en forme de calice ou de tulipe, la détache avec précaution du tube et la soude au pied déjà terminé. S'il manque quelques ornements encore, une coloration ou de la dorure aux lèvres du vase, l'aide revient, tube et pinces jouent leur rôle, et la pièce parachevée est détachée de la tige de fonte. C'est là peut-être l'opération la plus difficile et la plus scabreuse. Le four de refroidissement la reçoit ensuite et la garde au moins vingt-quatre heures. Tout cela se fait en moins de temps que je n'en mets à l'écrire, et la main de l'ouvrier, qui procède avec une précision magistrale, agit avec une telle rapidité que l'œil en est ébloui. Ce serait à ne pas y croire, si l'on n'en avait la preuve matérielle ; j'ai là, sur mon bureau, un verre fabriqué en ma présence, que M. Salviati m'a gracieusement priée d'accepter ; la base, large et sans ornements, supporte une petite amphore en verre blanc avec deux anses, décorées de crêtes et de dentelures ; un bandeau bleu, avec des perles d'aventurine micacée, lui sert de ceinture ; des lèvres bordées également d'aventurine, s'élance entre deux fleurs d'émail, une série de volutes garnies de perles, entourant trois cercles concentriques, formant médaillon, le premier et le troisième avec incrustation d'émail celui du milieu renfermant une ganse rouge ; au centre, un *M* élégamment tortillé en verre blanc et bleu ; au-dessus une couronne rouge avec des perles d'émail blanc et vert, puis la coupe, en forme de lys, surmonte le tout et alterne les broderies d'émail blanc avec des flammes d'aventurine micacée. Ce verre qui a bien un pied de haut, est d'une légèreté et d'une hardiesse incroyables. C'est une merveille !

Sans doute, M. Salviati n'est arrivé qu'avec beaucoup de peines, et après de longues recherches à cette perfection, mais il est bien récompensé de ses labeurs, par la réputation qu'il s'est acquise dans toute l'Europe, et par l'empressement qu'on met à rechercher ses produits. Ce dont il peut se féliciter aussi, c'est d'être parvenu à grouper autour de lui, à s'attacher, des ouvriers habiles, devenus sur ses traces de véritables artistes. Le croiriez-vous ! J'ai vu des enfants de

douze à treize ans mettre, en ma présence, la main
à l'œuvre et façonner de petites pièces très-réussies avec une dextérité, une précision étonnantes :
tous ces braves gens semblent, du reste, parfaitement heureux ; au milieu d'eux, M. Salviati a l'air
d'un père de famille ; ce n'est pas le plus mince
éloge qu'on puisse faire de lui.

On ne saurait quitter Murano sans visiter le musée et la collection des manuscrits confiés à un
jeune ecclésiastique, l'abbé X..., fort savant, dit-on, et qui prévient en sa faveur par sa figure ouverte et par ses allures cordiales. A part quelques
verreries anciennes, des échantillons de perles et
de verroteries, un portrait du Tasse sur fond d'or
en mosaïque, dû à la générosité de M. Salviati, on
n'y trouve rien de bien curieux. J'excepte, cependant, un petit travail en émail assez original : supposez un petit bâton de dix centimètres de diamètre et long de vingt-cinq ; à chaque extrémité se
trouve un portrait très-finement achevé : coupez
l'émail en dix, vingt tranches, à chaque section,
vous retrouverez le même portrait identiquement
pareil. L'inventeur de ce joujou artistique, y a
dit-on perdu la vue. A part cela et un curieux
manuscrit, où se trouvent consignées les amendes
imposées, il y a quelque centaines d'années, à
certaines religieuses, qui, un peu trop amies des

plaisirs nocturnes, allaient au bal masqué, et au Ridotto, le musée de Murano m'a semblé peu intéressant. Il est vrai qu'il est de fondation récente . . . .
. . . .

Rentrons à Venise.

UNE SILHOUETTE
FLORENTINE.

—

Devinez-vous de qui je veux parler? Des princes Corsini, sans doute? du syndic Ginori? de l'illustre sculpteur Duprez? de l'auteur d'un buste moderne vendu pour un antique? Point! De nos hommes d'Etat, de M. Y... ou de M. Z... entr'autres? — Encore moins! Leurs noms appartiennent à la politique et c'est un terrain sur lequel je ne me risque pas volontiers! Je vous ai dit qu'il s'agissait d'une figure sympathique. Ce n'est pas pourtant de Vieusseux que je veux encore vous parler; son tour viendra, mais j'attendrai que vous me le demandiez... Devinez donc, ou plutôt saluez! car c'est M. *Doney* que j'ai le plaisir et l'honneur de vous présenter, c'est-à-dire l'homme le plus goûté, le plus nécessaire, le plus indispensable de Florence. En fait d'épithètes, j'en pourrais aligner d'autres encore, et je resterais dans le vrai, en ajoutant que c'est l'homme le plus consciencieux, le plus serviable qu'on puisse rencontrer. Pour notre capitale, M. Doney est une providence.

Que mangeraient, sans lui, les citadins? Sans son intervention comment s'orienteraient les étrangers, les voyageurs? Car, il faut bien qu'on le sache et qu'on le dise, le moindre des mérites de M. Doney c'est d'être propriétaire du premier établissement culinaire de Florence, et d'avoir su grouper, autour de lui, un personnel choisi, des cuisiniers artistes. Chacun est, ici, de l'avis de ce prince de la gourmandise, de cette fourchette émérite, qui disait sérieusement un jour : « Ailleurs on mange, Doney seul sait faire manger. »

La bienveillance de M. Doney est proverbiale, son accueil toujours ouvert et courtois. Si l'on a une lettre pour une des reines de la *fashion*, et si l'on sait conquérir, dès le début, la bienveillance de M. Doney, on est sûr de faire son chemin à Florence : on peut prétendre à tout, arriver à tout; je crois même qu'on peut se passer de la lettre de recommandation en question; M. Doney suffit! Il fera plus et mieux que tel ou tel banquier, même sur le vu d'une grosse lettre de crédit. Que de gens sont venus ici, n'ayant que l'espérance au fond de leur bourse, et ont fait leurs affaires, grâce au seul **M. Doney** ! On en cite qui ont touché le succès, conquis la fortune, par la seule force de son appui... Sérieusement ! M. Doney dispose d'énormes ressources, et ne manque jamais non plus l'occasion de s'associer à une œuvre utile, d'accomplir une bonne action.

Doney est riche, plus riche même que beaucoup de ses clients, et, soit dit sans les offenser ni les désigner, le nombre en est grand ; il ne sait pas lui-même le chiffre exact de ce qu'il possède.

S'il a des aptitudes variées, si son esprit est vaste, actif, multiforme, et, parfois, touche presqu'au génie, son audace est grande et son ambition sans limites. Il ne doute de rien et se charge de tout. Il entreprendra une fête de cent mille francs comme il servira un thé de dix louis, et l'une et l'autre réussiront merveilleusement; il donne à ses clients, à des prix relativement minimes, des dîners comme on n'en trouve qu'à Paris (en certains jours encore) chez Véry, chez Bignon, ou au café de Paris ; il pousse même la complaisance jusqu'à se laisser payer en toutes les monnaies, et il sert un souper de six pauls de même qu'un dîner de quarante francs par tête. Il faut bien respecter toutes les opinions !

Dire que ses clients sont nombreux est inutile ; sa clientèle se compose de la ville tout entière ; mais ce qu'il faut constater c'est qu'il a divisé ses clients en catégories, comme autrefois la boucherie parisienne. Il y a d'abord ceux qu'il voudrait bien ne plus servir, c'est-à-dire ceux qui discutent avec lui, corrigent ses menus, réduisent ses notes, ne le comprennent pas ; ceux dont il est simplement le fournisseur, dont il reçoit l'argent, comme il a livré sa marchandise, indifféremment, pour affaire de commerce ; enfin ceux qu'il préfère et qu'il affectionne, avec lesquels il se trouve en communion d'idées, de goûts, de sympathies ; avec ceux-là, ses peines ne seront pas stériles, ses meilleures intentions mal interprétées ! Il sera deviné. Il est sûr, à l'avance, du plaisir qu'il va faire comme du compliment délicat qu'il recevra, du remerciement amical sur lequel il compte bien. Oh ! ceux-là ce sont les amis, les benjamins de M. Doney, il est fier de leurs commandes, il s'évertue à les satisfaire, et, s'il consent à se laisser payer par eux, c'est surtout pour ne pas les désobliger ; il les servirait volontiers uniquement pour l'honneur, et sans aucune espèce d'intérêt. — Je me rappelle Dumas qui, l'année passée, ne dédaigna pas d'aller causer cuisine avec M. Doney. — De ces nuances, que je n'exagère pas, mais qui sont bien accusées, bien tranchées, il y aurait de quoi faire tout un tableau, écrire tout un volume, qui compléteraient la personnalité de M. Doney !

Au physique, Doney est un petit homme, un peu ventru, comme il convient aux professeurs de bonne chère et aux raffinés de la table, comme vous connaissez Bignon, Magny, ces amis de Ste-Beuve et de madame Sand, Peters, ce commensal de Véron. Sa figure respire la bonhomie, ses traits sont calmes et reposés comme il convient à un homme qui a conscience de sa propre valeur ; il a l'œil fin et pétillant de malice, enfin sa lèvre est un peu charnue et sensuelle, ce qui n'est pas de mauvaise augure pour ses clients. Ajoutez que Doney a su habilement s'adjoindre d'incomparables cuisiniers, de véritables artistes qu'on ne s'attendrait pas à trouver en Italie, dans le pays de l'art, — mais pas de l'art culinaire assurément, — et vous comprendrez que ce soit ici l'homme indispensable ; Florence sans Doney serait un mythe. La ville et le confiseur se sont incarnés l'un à l'autre ; il est impossible maintenant de les séparer ; c'est l'organisateur, l'âme de toutes les fêtes, qu'elles se donnent au municipe, chez le plus riche Américain, ou chez l'Anglais le plus excentrique. Enfin, il saura répondre aux exigences du Russe opulent, aux fantaisies du banquier, tout aussi bien qu'il comprendra les menus étudiés de l'aristocratie florentine.

Doney se pique en outre de littérature et se plait aux distractions libérales. Au théâtre Niccolini, la meilleure loge lui est réservée; il ne manque pas une représentation de la compagnie Meynadier et il daigne quelquefois encourager les acteurs; il lit toutes les nouvelles publications françaises, et ne déteste pas les causeries parisiennes.

A voir l'empressement dont il est l'objet de la part des touristes, des voyageurs, de tous ceux qui visitent la cité des fleurs, on se croirait chez lui au siége d'une légation universelle.

Je me résume: dans tout ce que je viens de vous dire, je n'ai rien exagéré, et pour mieux vous convaincre, je termine par un bon conseil. Profitez de votre séjour à Florence pour faire connaissance avec M. Doney : allez dîner chez lui...; causez avec lui...; et vous m'en direz des nouvelles.

M. RATTAZZI.

UN SOUVENIR DE 1855.

—

C'est dans de singulières conditions que j'ai fait la connaissance de mon mari, et la première fois que je le vis, certes, j'étais loin de prévoir l'avenir. A cette époque, M. Rattazzi comptait au nombre sinon de mes ennemis, du moins de ceux qui ne m'aimaient guère. C'était en 1855, je crois, l'année de la mort des deux reines : j'étais venue à Turin pour une affaire assez importante, relative à mon séjour à Aix. Ayant absolument besoin de parler au ministre de l'intérieur, j'écrivis deux fois à M. Rattazzi sans être favorisée de la moindre réponse. De guerre lasse, je m'adressai directement au roi, qui, après m'avoir écoutée avec sa bienveillance ordinaire, me dit en souriant :

— Comment ! Rattazzi n'est pas plus galant que cela.... je lui en ferai mon compliment ! Mais soyez tranquille, je vous l'enverrai demain et il sera tout heureux de se mettre à vos ordres...

Je partis rassurée. Mais le lendemain se passa, le surlendemain, les jours suivants sans que nouvelle sœur Anne, je visse personne venir, sans que je reçusse la visite promise. J'écrivis alors au roi : « Votre ministre ne veut pas me voir : il m'a bien envoyé son secrétaire-général, M. de Monal, pour me dire que Son Excellence a mal aux yeux ; mais cette nouvelle, toute intéressante qu'elle puisse être, n'avance pas mon affaire d'un pas... Je vais donc partir... Sa Majesté eut la bonté de me répondre : Restez, puisqu'il faut changer ma prière en ordre, j'ordonnerai. Demain, Rattazzi sera chez vous...

En effet, le lendemain on m'annonça Son Excellence le ministre de l'Intérieur. Sa visite fut très-courte et il se montra très-froid à mon égard. Quant à moi, je fus vivement frappée à son aspect. C'était, à cette époque, un homme jeune, grand, mince, distingué, aux traits fins et délicats, de taille élégante et svelte. Il avait le front découvert et plein d'intelligence, les cheveux blonds d'une nuance indéfinissable, les dents blanches et bien rangées, la lèvre mince et railleuse, les mains et les pieds d'une incontestable aristocratie. M. Rattazzi paraissait alors avoir vingt-huit ans, au plus : cela me sembla même si étonnant qu'il fut mon aîné de quelques années seulement que je consultai immédiatement à ce sujet mon *Dictionnaire des Contemporains*. Je crus à une erreur de M. Vapereau... Enfin, je n'en eus véritablement le cœur net qu'à l'église, le jour de mon mariage ; c'était vraiment incroyable.

Je reviens à l'entrevue en question.

Il paraît que je n'avais pas produit sur M. Rattazzi une bien favorable impression, car, le lendemain, je reçus du roi une gentille lettre que j'ai toujours conservée et que depuis mon mariage j'ai fait mettre, sous verre, dans le cabinet de mon mari, pour qu'il l'eut toujours sous les yeux et pour lui rappeler de quelle gracieuse façon (de sa part au moins) nous avons fait connaissance. Sa Majesté avait vu M. Rattazzi au sortir de chez moi. — Ce dernier avait l'air mécontent et passablement rogue...

— Eh bien ! lui dit le roi, vous avez vu madame de Solms ; qu'en dites-vous? Vous la trouvez jolie...

— Peuh ! pas trop ! elle est maigre et puis.... elle sent la tartine de beurre...

— Au moins convenez qu'elle a beaucoup d'esprit...

— Pas trop ! elle vous a un air étonné qui est presque bête... et puis elle m'a très-peu parlé... Enfin son affaire n'est pas des plus claires.

— Pardonnez à mon ami Rattazzi, il est de Casale, disait en terminant le roi ; je vous recommanderai à Foresta.

Je ne revis plus M. Rattazzi qu'à quelques années de là — c'était à un bal de la Cour, lors du mariage de la princesse Clotilde ; il était à cette époque président de la Chambre.

Le temps se passa, je fis une grave maladie, et le bruit de ma mort courut un peu le monde. M. Rattazzi, sans se l'expliquer, — il me l'a dit plus tard, — sentit un grand coup dans son cœur. Cette nouvelle le foudroyait. Il vint à Paris où il apprit que je vivais et que j'étais hors de danger. Il chercha à me revoir et douze ans après notre première entrevue dans la maison Talachini, jour pour jour, j'épousais à l'Église Saint-François-de-Paule l'homme qui m'évitait jadis systématiquement, et qui, sous prétexte de maux d'yeux me députait son secrétaire-général.

Dites-moi, maintenant, si l'histoire de mon mariage n'est pas plus invraisemblable que toutes les imaginations de Messieurs les romanciers d'aujourd'hui ?

A cette même époque, où M. Rattazzi se montrait si peu gracieux à mon endroit, je fis la connaissance du comte de Cavour, qui, en revanche ne se montra point avare de soins, d'attentions et de politesses envers moi. J'habitais alors la maison Talachini : il m'y fit nombreuses visites. J'étais bien loin de me douter alors, qu'un jour je m'appellerais Mme Rattazzi, et que M. de Cavour, en ce moment si gracieux, si empressé, ne tarderait pas à me devenir hostile et mettrait plus tard tant de violence dans ses attaques. Hélas ! c'est le revirement habituel des choses de ce monde, un simple jeu de bascule, un effet de pondération ! M. de Cavour, qui d'abord m'avait portée aux nues et qui, je dois l'avouer en toute franchise, m'avait rendu fort agréable le séjour de Turin, pendant l'hiver que j'y passai, me prit soudainement en grippe et me déclara parfaitement insupportable, le jour où il s'aperçut que je me permettais de le juger et de formuler mon appréciation sur son compte. En d'autres termes, il ne me pardonnait point d'avoir été réservée dans mon admiration.

Voici, du reste, l'impression qu'il me produisit, la première fois que je le vis.

C'était un petit homme, trapu, ventru, gros et court, dont l'extérieur n'avait rien d'italien. Mon vieil ami Gioberti écrivit, à ce propos de lui: si Cavour est riche, ce n'est pas à coup sûr, des dons de l'*italianité!* (Un mot nouveau pour une chose bien vraie!) Par ses instincts, ses sentiments, ses connaissances acquises, il était presque étranger à l'Italie : Anglais par les idées, Français par le langage, il avait l'élocution difficile, le geste commun ; sa voix était fausse et désagréable, son style banal, sa parole lourde; mais il avait de temps en temps des soudainetés, des réparties, des à-propos qui peuvent, si l'occasion le veut, passer pour de l'éloquence.

Chacun se rappelle, qu'en je ne sais quelle malheureuse circonstance, un député avait dit un jour à la Chambre : que l'amour de la liberté était plus vif chez les Ligures que chez les Piémontais! M. de Cavour sauta sur son banc et interrompit avec véhémence : Les Piémontais ont assez prouvé sur les champs de bataille, qu'ils aiment ardemment la liberté! à l'ordre le calomniateur! Le rappel à l'ordre fut immédiatement voté d'enthousiasme. C'est avec de semblables sorties, véritablement heureuses, que le comte de Cavour finit par conquérir une réelle célébrité parlementaire.

Je crois, et beaucoup de gens pensent comme moi, qu'il a heurté à la porte du Génie, mais jamais avec assez d'autorité pour que cette porte lui fut plus qu'entr'ouverte.

LE ROI VICTOR-EMMANUEL

SA FAMILLE

LES ÉVÉNEMENTS DE SEPTEMBRE.

—

Les grands souverains sont ceux que les événements trouvent prêts, qui, de toute circonstance se faisant un moyen et une arme, savent précipiter ou retenir les efforts d'un peuple. S'ils sont forcés d'interrompre une œuvre, ils ne cessent d'entretenir l'idée et de montrer le but.

Tel est le premier roi de la nouvelle Italie.

Victor-Emmanuel a l'esprit prompt et le sens droit : il voit vite et juste ; peut-être, jusqu'ici ne l'a-t-on point assez remarqué, mais on s'en rendra plus exactement compte lorsqu'on s'occupera moins exclusivement des côtés héroïques de son caractère.

Le fils de Charles-Albert n'est pas un prince lettré ; les bibliothèques, il ne les a guère fouillées ; les monuments, il ne les a pas compulsés ; quant aux œuvres d'art rassemblées par son père avec tant de soin, je dirais presque avec tant d'amour, il les respecte, les admire au besoin, mais il en fait peu de cas. En revanche, il lit couramment dans ce grand livre dont si peu ont tourné les pages et qui s'appelle le cœur du peuple. S'il n'a point fouillé la palyngénésie égyptienne, s'il n'a pas fait avec Platon son tour d'Académie, s'il tient pour lettres mortes les œuvres de Cicéron et les commentaires de César ; s'il n'a point pâli sur les discussions des philosophes anciens et modernes, sur les utopies des législateurs de tous les temps, il a du moins été doué, en naissant, des qualités instinctives qui font les véritables rois. Il est de son époque et en devine l'esprit, il mesure les hommes à leur valeur, il se connaît lui-même et, suivant l'occasion, il obéit ou commande à la fortune.

Le vulgaire, qui se défend de toute admiration comme d'un tort fait à sa propre médiocrité, prend à tâche d'expliquer, par le hasard ou les mérites d'autrui, les prospérités de ce prince ; mais c'est l'opinion du vulgaire, et, jusqu'ici, personne en Italie n'a révoqué en doute l'ascendant du roi sur le pays, et l'impulsion personnelle qu'il imprime aux affaires, voire aux évènements.

Considérez les obstacles que rencontre ailleurs, dans le caractère même des souverains, l'établissement des gouvernements libres. Il faut donc rendre hommage à Victor-Emmanuel pour la sagesse pleine d'habileté avec laquelle, tout en donnant le pouvoir au ministre le plus habile, il a retenu, sans effort, l'autorité. Sans quitter les habitudes familières d'une vie exempte de faste, il a toujours sauvegardé, vis-à-vis de ses sujets, la majesté royale. Bien qu'il ne soit pas porté, par goût, aux affaires d'État, il les embrasse et les comprend sans difficulté, au besoin même il s'y applique. Dans les conseils il est attentif et ponctuel; c'est toujours pour le meilleur parti qu'il se prononce; les moyens ne l'embarrassent pas, des intérêts particuliers, des siens même, il ne se préoccupe guère si l'intérêt public, si le bien général est en question, pourvu que le bien public se produise.

En dépit de toutes les influences qui peuvent l'entourer, il a su se rendre indépendant : traditions dynastiques, conventions de cour, instincts propres, sollicitations du plaisir, il a fait bon marché de tout.

Que la fortune sourie au roi (et nulle n'en est heureuse plus que moi), c'est possible ; que sa bonté, que sa bravoure, ses pardons faciles, ses imprudences généreuses, ses grandes qualités, certaines faiblesses même, aient eu une grande part dans sa popularité exceptionnelle, je n'en disconviens pas; mais il ne faut pas s'y tromper, ce Béarnais italien n'en est pas moins doué d'une rare finesse. S'il enlève tout d'assaut, cœurs et provinces, si la noblesse le suit sur les champs de bataille aux cris de *vive la liberté !* si la république le salue au passage d'enthousiastes *vive le Roi!* tout cela n'est pas positivement le simple effet du hasard.

L'attitude du roi est simple, digne, mais avec une nuance de brusquerie que révèle immédiatement sa parole sonore, vive et tellement alerte qu'elle semble précéder la réflexion. Si vous êtes admis en sa présence, si vous avez obtenu son attention vous aurez dès le début, grâce à son tact exquis, les sentiments des rapports qu'il veut établir avec vous. De son audience l'étiquette est bannie, mais nul n'en sort sans avoir reconnu que le roi est vraiment *Roi.* Naguères, empruntant au dialecte populaire une piquante expression, dans une veine de belle humeur, il disait à Garibaldi : *Mi son pi republicane ch chiel*, je suis plus républicain que vous ! Il n'était pas sans s'être aperçu, le soldat-roi, qu'une conversion venait de s'accomplir, et que le roi républicain mettait sa main dans la main du républicain royaliste.

Pourtant cette gaîté naturelle, cet esprit insoucieux qui traverse les tribulations avec l'entrain qu'il met à poursuivre la gloire, cette fougue de tempérament qui ne se plaît qu'aux excitations de la chasse et de la guerre, cette modeste opinion de soi, n'ont jamais laissé Victor-Emmanuel chercher le bonheur dans l'obscurité : c'est toujours vers les sphères élevées que volent les ambitions de son esprit. Dès 1853, à une époque où l'idée italienne n'était qu'une utopie, presqu'un rêve, il se voyait déjà roi d'Italie et son regard embrassait toute la péninsule dans son unification.

Au physique, Victor-Emmanuel est de taille moyenne, gros et court : il a cependant des allures martiales, et une certaine dignité dans le port. Certes il n'est pas précisément beau, mais on ne peut pas dire non plus, qu'il soit absolument laid. Ses dents sont belles, ses yeux expressifs, sa voix sonore, si sonore même, qu'à l'exception de Garibaldi, on ne connaît point d'organe semblable au sien : ce qui excite l'admiration et l'envie de la Chambre, chaque fois qu'il fait son discours d'ouverture. Sa moustache est proverbiale, son geste est à la fois royal et familier, sa main charmante, et ses cheveux épais bruns, un peu crépus, encadrent à ravir son front large, plein de franchise et d'intelligence.

Chose singulière ! ce prince d'une instruction sommaire, écrit cependant d'une adorable façon. Ses lettres sont de petits chefs-d'œuvre d'humour, d'originalité et de finesse. Ce n'est pas le chasseur émérite, le soldat sans rival, qui tient la plume, comme il a manié la carabine et l'épée, c'est un esprit délicat, à qui l'expression manque quelquefois, mais dont la pensée se traduit toujours sous une forme naïve, cordiale, souvent neuve, toujours colorée.

C'est à bon droit que Victor-Emmanuel est populaire dans toute l'Italie. On lui doit l'unité et l'indépendance rêvées depuis tant de siècles. Dans les provinces piémontaises il était adoré, chose peu étonnante d'ailleurs, car la Maison de Savoie a de séculaires et profondes racines dans le pays ; ses intérêts ont toujours été ceux de toutes les familles, et l'affection qu'on lui a toujours portée, tourne à la dévotion et frise le fanatisme. Ces sentiments sont loin de s'être amoindris à l'endroit de Victor-Emmanuel, qui, en plus d'une circonstance, a exposé sa vie et sa couronne pour la cause italienne. Hélas ! je dois cependant avouer qu'en un certain moment, l'enthousiasme a diminué, l'affection s'est un peu refroidie. Ce fut en 1864, lorsque signant le traité avec la France, Victor-Emmanuel se décida à transporter la capitale de Turin à Florence. Cet Henri IV avait sa messe à son tour. Il faut pardonner aux Piémontais, si, dans cette circonstance, ils se sont sentis frappés au cœur : ne croyez pas qu'ils aient été mécontents de se trouver atteints, dans leurs intérêts locaux, personnels et commerciaux, leur dépit vient de plus haut. Avec une abnégation digne de l'antiquité ils avaient, été les premiers à comprendre que Turin devait s'effacer et que Rome était la seule, la vraie capitale de l'Italie unifiée. Mais jusqu'à l'heure où la ville éternelle serait ouverte au Roi, ils comptaient bien que Turin maintiendrait son droit et conserverait ses privilèges. C'était, si vous voulez, un sentiment d'orgueil, mais d'orgueil noble et généreux ! Il leur semblait que, puisque l'indépendance avait son principe, sa source et ses racines en Piémont, le gouvernement devait y conserver provisoirement son siège. A quoi bon se déplacer encore et installer ce provisoire à Florence? D'ailleurs leur prendre leur *Roi*! n'était-ce pas leur prendre tout! A ce prix, et malgré toutes leurs aspirations italiennes, peut-être eussent-ils mieux aimé rester simples Piémontais.

Aussi le mécontentement se manifesta-t-il hautement, ouvertement, dans une forme malheureusement regrettable. La population descendit dans les rues, honnissant le ministère, ne voulant point encore accuser son souverain bien-aimé. Des rassemblements à l'émeute, il n'y a qu'un pas; et les mesures prises pour rétablir l'ordre, mal combinées ou mal exécutées, amenèrent la lutte et l'effusion du sang. Tous les journaux de l'époque ont rendu compte de ces déplorables journées, et Turin en garde encore un douloureux souvenir. A qui revint le premier tort ? je ne me charge pas de le dire.

Il semblait aux Turinois, que le roi n'eût jamais dû consentir à se séparer de ceux qui avaient suivi sa fortune et partagé tous ses sacrifices pour le bien de l'Italie ! D'ailleurs ils se sentaient profondément blessés de la manière dont le ministère Minghetti-Peruzzi avait agi à leur égard. Ils se plaignaient amèrement, et non sans raisons, de la promesse qui leur avait été faite, que la capitale ne serait jamais deplacée, jusqu'au jour où elle pourrait être établie à Rome ! Sur la foi de cette promesse, ils avaient fait d'énormes dépenses, pour agrandir leur ville et....... au bout de tout cela, un beau matin, ils avaient appris que Turin cessait d'être la capitale, et que le siége du gouvernement était transporté à Florence !

Si, dans le premier moment, l'exaspération des

Turinois a pu faire douter de leur affection pour le souverain, on s'est bien vite aperçu que l'irritation n'était que passagère, et que leurs sentiments de fidélité et de dévouement à la dynastie royale n'avaient pas subi la moindre atteinte. Le calme revenu, les Piémontais ont réfléchi ; ils ont compris qu'il était injuste de faire remonter leurs griefs jusqu'au Roi. Comment accuser Victor-Emmanuel d'avoir déplacé volontairement la capitale du royaume, lorsque lui-même se montra si péniblement affecté de ce changement? Il aimait tant sa ville natale, où il y a l'oxygène physique et moral le plus convenable à sa respiration, où il est tant et si bien aimé! N'y avait-il pas sa vie toute faite, ses affections, ses habitudes? S'il s'est résigné à signer ce fatal décret, c'est que des devoirs impérieux l'y ont contraint, des devoirs plus forts, plus puissants que la volonté humaine! Devenu roi d'Italie, on pouvait l'accuser d'avoir préféré les anciennes provinces aux nouvelles ; c'eut été un germe de division et de discorde, funeste à cette unité, à laquelle il a voué sa vie entière. Devant de semblables dangers toute considération personnelle devait disparaître et a disparu. D'ailleurs, les négociations engagées à ce sujet, n'ont-elles pas été commencées sur une autre initiative que la sienne? Tout était déjà conclu, lorsque son ministère l'a prévenu, et il s'est, au dernier moment, trouvé dans l'alternative oude sanctionner la convention par laquelle les Français s'engageaient à quitter Rome, ou de refuser le déplacement de la capitale : Je ne sache pas qu'à ce prix, son meilleur ami ait pu conseiller à Victor-Emmanuel de rester, *quand même*, à Turin.

De son union, avec cette belle et charmante reine Marie-Adélaïde, sitôt enlevée à l'affection et à l'admiration du pays, Victor-Emmanuel II a quatre enfants.

Le prince Humbert, prince héréditaire, a 22 ans. Général de division, il réside alternativement à Naples ou à Milan, mais c'est surtout le séjour de Milan qu'il préfère.

Quand au prince Amédée de Savoie, duc d'Aoste, il rappelle au physique, trait pour trait, son grand-père, Charles-Albert. C'est un jeune homme intelligent, plein de feu, ardent en toutes choses et qui sait, au besoin, payer de sa personne. Il a été blessé à la bataille de Custozza; il a épousé la princesse Marie de la Cisterna, une des plus riches héritières de l'Italie.

Le troisième fils était le duc de Montferrat, ce sympathique et charmant enfant, malheureusement infirme, condamné dès sa naissance, et qui, tout artiste et lettré qu'il se sentait, a puisé dans un courage héroïque la force de supporter de longues et douloureuses souffrances. Il s'est éteint doucement comme il avait vécu : mais la ville de Gênes, où se sont passées ses dernières heures, rendait à lui et à son père un juste et légitime hommage en attendant, tous les jours, et jusqu'au dernier moment, à la porte du palais où il finissait de vivre et commençait à mourir, les dernières nouvelles du petit martyr.

La princesse Clotilde n'est plus des nôtres, mais on ne peut oublier combien elle est bonne et sympathique ; elle rappelle sa mère en plus d'un point. Aussi a-t-elle laissé en Italie de vifs et profonds regrets. On la dit très-aimée en France : Dieu veuille qu'elle y retrouve et y conserve toute l'affection que nous lui gardons !

La reine de Portugal est plus jeune, plus vive, plus pétulante que sa sœur : le cœur est le même. On cite d'elle une charmante réponse à une personne qui la complimentait, à propos de son mariage avec le roi de Portugal, et lui disait qu'elle avait été plus favorisée que sa sœur.

« Pourquoi me féliciter ? parce que je quitte mon pays, ce n'est pas la peine. Quant à l'union illustre que je contracte, qu'a-t-elle d'étonnant ? Ma sœur n'était que la fille du roi de Piémont, et moi je suis la fille du roi d'Italie ! »

LE DUC DE GÊNES.

LE PRINCE DE SAVOIE-CARIGNAN.

—

Le duc de Gênes, second fils de Charles-Albert, était le chef d'une autre branche de la famille royale. Il a laissé deux enfants : le duc de Gênes actuel, et la princesse Marguerite, femme du prince héréditaire, dont la beauté idéale émeut et ravit. Quant à la duchesse douairière, fille du roi de Saxe, elle s'est remariée morganatiquement, en 1856, au comte Rapallo, officier d'ordonnance de son premier mari. C'est une personne blonde, mince, jeune encore, pleine de distinction et douée, entre autres qualités, d'une mémoire prodigieuse ; elle parle sept ou huit langues.

Il me reste seulement à parler du dernier membre de la famille royale, issu d'une branche collatérale : du prince Eugène de Savoie-Carignan. Ce prince a deux fois été régent du royaume : en 1848, et pendant la dernière guerre. Je n'ai pas besoin de rappeler qu'il s'est acquitté de ces hautes fonctions à la satisfaction de tous. L'Europe entière lui a rendu témoignage. Mais je constate avec un grand plaisir, et cela pour l'exemple et l'édification de tous les princes, frères, oncles et cousins des souverains régnants, que le prince chargé deux fois d'une si lourde tâche, après avoir tenu d'une main ferme le gouvernail de l'État est rentré volontairement, comme Cincinnatus, dans son obscurité, et n'affiche ni ambition, ni prétention au pouvoir. — Toujours prêt à servir le roi, il n'a jamais songé à être roi lui-même. — Puisse-t-il faire école !

Sa sœur, Marie-Philiberte, avait épousé le comte de Syracuse, un prince artiste, de regrettable mémoire. Maintenant, elle vit à Naples gardant le souvenir des derniers Bourbons auxquels elle est restée fidèle.

S. A. R. LE PRINCE HUMBERT.

—

Héroïque descendant de Humbert *aux blanches mains*, le prince Humbert, fils aîné du roi d'Italie a toutes les qualités et tous les instincts de sa noble race ; sa physionomie, empreinte d'une mâle fierté, accuse par la netteté des contours, l'accentuation des traits et la fixité du regard, une énergie peu commune.

Fils de Victor-Emmanuel, le prince Humbert ne pouvait qu'être brave et bon ; hâtons-nous de le dire, les espérances qu'on avait conçues de lui ont été dépassées.

Sa première enfance a été bercée au récit des hauts faits de ses ancêtres. Né en 1844, il avait à peine cinq ans lorsque son illustre aïeul et son auguste père, faisaient en 1848 et 1849, ces prodiges de valeur dont l'Italie, aujourd'hui, a recueilli les résultats. L'enfant a grandi au milieu d'une société transformée par le libéralisme de sa famille ; il a vu fonctionner et se développer les nobles institutions dont elle fut l'initiatrice.

A partir de 1849, il a, pendant dix ans, sérieusement étudié, et ce fut avec un profond regret qu'il ne pût, à cause de son jeune âge, prendre part aux glorieuses journées de Montebello, Palestro, Magenta, et San-Martino. Il fallut que l'autorité paternelle se montrât impitoyable, pour l'empêcher d'aller rejoindre l'armée, dont, l'œil en feu et la lèvre frémissante, il suivait, sur une carte, les exploits et la marche triomphale.

En 1866 il avait 22 ans ; aussi avec quels transports de joie il courut se mettre à la tête de sa division ! Ceux qui l'ont vu dans la mémorable journée de Custozza, charger avec une téméraire impétuosité les ulhans autrichiens, garderont de son ardeur juvénile et de son indomptable courage un impérissable souvenir.

Depuis lors, le prince Humbert a beaucoup voyagé ; il a successivement visité la France, l'Allemagne, la Prusse et la Russie ; partout il a suivi avec un vif intérêt les progrès de la science des armes, partout il a donné de lui la meilleure opinion.

Frédéric Ier disait, en parlant de son fils, celui

qui devait être Frédéric-le-Grand : « Celui-là ne se laissera pas prendre la Silésie ! » Victor-Emmanuel peut, lui aussi, dire en fixant sur son fils Humbert un regard fier et caressant : « Celui-là ne se laissera pas ravir la Lombardie ! »

LA PRINCESSE MARGUERITE

—

Elle est née parmi nous ; nous avons vu ses premiers sourires alors que, reposant dans les langes de dentelles, elle venait, à la Place d'armes, respirer l'air pur et fortifiant que les brises des Alpes apportent aux plaines du Piémont.

Elle a grandi avec nos enfants ; que de fois nous avons suivi d'un regard attendri sa frêle silhouette qui, vaporeuse vision, nous rappelait les Chérubins du Corrège.

Nous l'avons vue, rieuse enfant, courir sous l'ombrage de nos grands arbres ; nous l'admirions secouant avec mutinerie les coquettes spirales de sa chevelure dorée, et regardant avec cet œil interrogateur et naïf de l'enfance, tout un peuple respectueux et charmé. Puis nous l'avons vue se transformer insensiblement et devenir jeune fille, pensive et grave, belle comme une niobide, élégante comme un lys, fraîche comme une églantine épanouie.

C'était avec un vif sentiment d'amertume que nous voyions l'enfant grandir, car nous songions à ses illustres cousines, nos regrettées princesses Clotilde et Marie Pie, que la grandeur de leur destin nous a depuis longtemps arrachées ; nous craignions de voir venir l'heure où, elle aussi, nous quitterait pour aller, sous un ciel étranger, contracter une alliance digne de son sang.

Nous formions secrètement un vœu, le vœu a été exaucé ; elle nous restera.

Issue en 1853 du mariage du duc de Gênes, un héros, avec la fille du roi de Saxe, la princesse Marguerite a dans les veines le sang de deux illustres races.

Une jeune fille, à 17 ans, n'a pas de passé, mais l'avenir pour elle s'ouvre plein de promesses ; et ces promesses ne seront pas menteuses, car la princesse Marguerite n'a qu'à se rappeler le doux et pieux exemple de la noble Marie-Adélaïde, pour savoir bien vite comment les reines obtiennent et conservent le dévoûment, l'affection et la reconnaissance des peuples.

Il y a eu deux phases, d'ailleurs, dans l'impression qu'a produite sur moi la princesse de Piémont.

Je la vis d'abord au milieu des fêtes officielles données en son honneur. Comme tout le monde, je fus frappée de sa grâce, de sa vivacité, du charme qui rayonne autour d'elle. C'est la jeunesse idéale dans sa première fleur, dans toute sa poésie ; ajoutez à cela une physionomie toujours mobile, des traits changeant sans cesse d'expression et reproduisant, avec la fidélité du miroir, les caprices de la pensée et l'imprévu des émotions. Elle me paraît exercer sur tout ce qui l'approche une séduction à laquelle on ne saurait se soustraire. Il suffit de la voir, même au passage, pour lui être acquis. J'ai subi la loi commune et j'ai cédé au charme qu'elle répand autour d'elle. Pourtant je dois à la vérité de dire que l'impression a été bien autre, lorsqu'il m'a été donné de la voir de plus près. Je m'étais associée jusque-là au sentiment général ; mais je l'ai quittée avec une émotion plus vive et pleine de sympathie, après avoir passé avec elle une heure tout entière qui m'a semblé s'être envolée comme une minute. C'était à Turin, dans le grand appartement du rez-de-chaussée qu'habitait autrefois la reine Marie-Thérèse au Palais-Royal, et qui reste plein de pieux souvenirs. Je suis sortie, séduite, ravie de l'esprit multiforme de cette jeune femme, qui, hier encore, n'était qu'une enfant. On n'est pas plus adorable, plus simple, plus charmante ! Sa finesse égale sa naïveté, son esprit a autant de vivacité que son aimable visage.

Quand elle parle, elle effleure volontiers tous les sujets, comme le papillon touche les roses, laissant au passage, au lieu d'un atôme de poussière dorée, une réflexion juste, une parole piquante, une judicieuse observation. Le mot précis, l'expression heureuse, le terme technique même, lui viennent naturellement aux lèvres ; aussi sa causerie est elle pleine d'intérêt comme d'imprévu: l'innocente critique s'y marie aux aperçus les plus ngénieux ; elle vous dit avec une grâce sérieuse et de la plus crâne façon : « C'est que je suis très-italienne, moi ! » et elle tient à en donner la preuve ; elle connaît tous les chefs-d'œuvre anciens, elle est au courant du mouvement littéraire actuel ; elle sait les noms de toutes les illustrations nationales, raconte les anciennes légendes et vante les nouvelles gloires ; elle aime à parler des grands hommes de tous les temps, surtout de son pays, célébrant la mémoire des uns et s'associant pour y applaudir, aux succès des autres ; si bien qu'on la quitte plus italianisé qu'on ne l'était auparavant. Elle ne cache pas d'ailleurs, à ceux ou celles qu'elle laisse approcher de sa personne, qu'elle tient à faire leur conquête, et elle y réussit bien vite, la charmante enfant, tant sa gentillesse, sa grâce, son charme sont irrésistibles. Elle sera certainement la reine *bien-aimée* de l'Italie, car elle saura gagner tous les cœurs, comme elle a, du premier coup, éveillé toutes les sympathies. Le roi Victor-Emmanuel a eu la main heureuse dans le choix de ses belles-filles, et si l'on permet une comparaison vulgaire dans ce pays de la loterie, je crois bien que deux fois de suite il a gagné le quaterne. A côté de la duchesse d'Aoste, qu'un deuil profond éloigna de nos fêtes, mais, qui, même absente, reste appréciée de tous ceux qui connaissent son esprit et son cœur, le roi ne pouvait choisir une plus charmante antithèse. Comme les extrêmes se touchent souvent, quoique le proverbe le dise (remarquez que j'ai dit *quoique*), je suis certaine que ces deux jeunes femmes sont faites pour se comprendre, et pour s'aimer. Elles sont déjà sœurs plus encore par l'affection que par l'alliance.

Il n'est guère possible d'exprimer ce que l'on éprouve au contact de la jeune princesse Marguerite, de cette fraîche nature, parée de deux couronnes, la jeunesse et la future royauté. En l'entendant parler, on l'aime déjà, et on sent instinctivement qu'on lui sera dévoué. Elle inspire à tous et à toutes l'attachement le plus respectueux et le plus complet; on veut prendre une part de ses joies, on se sent prêt à partager ses douleurs, si jamais, ce qu'à Dieu ne plaise, elle venait à en éprouver. A peine est-elle la femme du prince royal, qu'elle a déjà un parti à la cour italienne, parti nombreux, ardent, compact. Il faut remonter le passé et rappeler la mémoire de sa belle-mère, la noble et pieuse Marie-Adélaïde, pour exprimer le charme tout-puissant de son exquise personnalité.

Quant à son succès comme femme, en parler encore serait banal, et, dans tout ce qui a été dit, il n'y a pas eu la moindre exagération. Je me bornerai donc à vous faire rapidement son portrait.

La princesse Marguerite est blonde, mais d'un blond particulier et original, qui n'a rien de commun avec les cheveux cendrés des allemandes ou le fauve des *miss* anglaises. C'est une teinte opulente, dorée çà et là, qui miroite à la lumière et affecte des dégradations harmonieuses. Les cheveux sont abondants et fins à faire envie à la marquise de Musset! Elle obéit à la mode et les porte frisés, en petites boucles, sur la nuque et sur le front; ses yeux d'un brun oranger, pleins d'expression, sont frangés de cils longs et soyeux; son teint est éclatant de blancheur et ses joues, légèrement rosées, rappellent les fraises écrasées dans la crême, qu'aiment à manger les enfants. Les traits sont réguliers, très-accentués, mais mobiles; l'ovale du visage est parfait et charmant. Sa taille mince, élancée, a la grâce et la flexibilité d'une tige de lys. Ses mains et ses pieds sont du fini le plus aristocratique et dignes d'une fée ou d'une parisienne.

LA DUCHESSE D'AOSTE.

—

Il y a danger, pour les femmes qui vivent si près d'un trône ou qui sont appelées à partager une couronne, à se montrer dans la vérité de leur esprit et dans la sincérité de leur cœur. Le jugement qu'elles provoquent, les appréciations qu'elles inspirent deviennent alors la mesure absolue de leur individualité. — Le prestige d'une grande position étant une sorte de voile pour le moral, il faut se sentir bien autorisée pour oser s'en dépouiller.

Aussi n'est-il point d'éloge plus flatteur que celui qu'on a si souvent prononcé devant moi. Elles sont faites pour leur grande position, elles sont à la hauteur de leur destinée, répétait-on sans cesse, quand on voyait passer la princesse Marguerite et la duchesse d'Aoste.

En réalité, si les proverbes sont la sagesse des nations, et si les fables ont souvent leur application dans la réalité, nous sommes loin aujourd'hui des *bâtons flottants*. Le prestige qui rayonne autour des deux princesses est loin de s'amoindrir quand on s'approche d'elles. Si l'impression qu'elles m'ont produite, dans une entrevue particulière, n'a pas été la même que celle éprouvée à les voir au bal, en public, en représentation, elle n'en a été que plus vive et plus pénétrante. Je garderai un aimable souvenir de l'accueil charmant que m'ont fait ces deux jeunes femmes, si différentes l'une de l'autre, et pourtant si bien faites toutes les deux pour les hautes destinées auxquelles elles viennent d'être appelées. Un jour il m'arriva, de parler de la profondeur d'esprit de la duchesse d'Aoste, de son savoir, de ses merveilleuses aptitudes, dont j'avais été si vivement frappée, que, sortant du palais Pitti et trouvant au retour dans mon salon un charmant chroniqueur que l'*International* s'est attaché, M. ou Mme de Mouzay (comme vous voudrez), je me laissai aller à formuler mon opinion toute récente, toute fraîche, en termes tellement empreints de chaleur que mes auditeurs en furent étonnés et frappés. Il paraît même que mon enthousiasme fut contagieux, puisque j'ai retrouvé dans un feuilleton du spirituel de Mouzay, indiscrètement divulguées peut-être, mais avec une vérité photographique, les impressions que j'avais racontées et détaillées.

La duchesse d'Aoste a produit, non seulement sur moi mais sur tous ceux qui l'ont approchée, une impression inattendue : on ne se l'imaginait pas telle qu'elle est réellement, et ceux qui l'ont vue, l'année de l'Exposition, à Paris, hésiteraient à la reconnaître, tant le changement opéré en elle paraît inconcevable. Aujourd'hui, qu'elle est entrée en possession de sa personnalité, elle se laisse voir sous son vrai jour. En elle se résument la grâce suprême, la distinction innée, l'élégance exquise. Elle est digne sans hauteur, bienveillante sans affectation, spirituelle sans parti pris. Son sourire est charmant de naïve bonté, et, cependant, il semble parfois que ses lèvres finement dessinées et légèrement relevées au coin, trahissent un peu de causticité, discrètement contenue. Lorsqu'on a la bonne fortune de causer avec elle, on comprend bien vite l'idolâtrie de sa mère et l'on se sent attendri en songeant à l'affection tendre, exceptionnelle, que ces deux femmes s'étaient vouée, — et qui, pendant tant d'années, ont vécu l'une pour l'autre. On comprend aussi les hésitations de la joie maternelle lorsqu'il fallut se séparer de l'enfant que la princesse de la Cisterna aimait plus qu'elle-même. La duchesse d'Aoste, qui est déjà une femme remarquable, promet de devenir une femme supérieure; elle rappelle la duchesse d'Orléans à vingt ans. Je ne sache pas en Europe de jeune princesse qui ait autant d'aisance, d'esprit, d'à-propos, d'imprévu, et, en même temps, de sérieux dans la conversation. Ce n'est pas le monde qui l'a formée cependant, elle, dont l'enfance s'est écoulée solitairement, à l'écart, sous l'œil maternel et en compagnie de ses chers livres. Mais elle a tant lu, tant étudié que, son sens droit aidant, elle avait deviné la vie avant de la connaître. La jeune princesse possède l'érudition d'un lettré allemand ; outre le latin et le grec ancien qui lui sont familiers, elle parle avec facilité cinq ou six langues, elle a étudié les mathématiques et pourrait discuter avec Babinet sur le calcul intégral et différentiel. Cette érudition sérieuse ne nuit point chez elle au culte des beaux-arts. Elle peint remarquablement et goûte fort la musique. En un mot, elle résume tant de séductions autres, qu'elle aurait presque le droit de n'être pas jolie. Je ne sache pas de femme à laquelle de hautes destinées aillent si bien.

LE MARIAGE
DU PRINCE HUMBERT

—

TURIN. FLORENCE.

Nous suivons étape par étape, le voyage des époux royaux parce qu'il intéresse au plus haut point tous ceux qui étudient le développement de la nouvelle Italie. Ce ne sont pas seulement des fêtes que nous relatons, des ovations que nous voulons enregistrer, il faut voir dans ce voyage, une sorte de consécration pleine de promesses pour le jeune prince, pleine d'enseignement pour la patrie italienne.

Je retouve les notes prises au milieu de ce grand mouvement des fêtes *du mariage* et je les reproduis telles qu'elles furent inscrites au moment des fêtes, aimant mieux en conserver la précision que d'en tourmenter l'arrangement.

De Turin à Florence, de Florence à Gênes, de Gênes à Naples, les populations acclament le prince Humbert et la princesse Marguerite. — Chaque halte provoque une ovation en l'honneur de la dynastie de Savoie. Le programme des fêtes a été légèrement modifié. Les illustres invités, je parle du prince Napoléon et du prince de Prusse, ne sont arrivés, l'un que lundi et l'autre que mardi. La modification dont je veux parler est insignifiante ; elle a trait aux illuminations qui devaient avoir lieu lundi et qui ont été remises à vendredi ; ce retard a été déterminé par une pluie fine et pénétrante, qui n'a cessé de tomber lundi jusqu'à quatre heures du soir. En présence de ce déluge inattendu, la municipalité a cru devoir ajourner la fête nocturne. La soirée de dimanche avait été consacrée à l'audition d'une compagnie de dilettantes turinois, qui offraient aux augustes fiancés une représentation spéciale au théâtre Carignan. Inutile de dire que la salle était comble, et que les artistes amateurs ont recueilli de nombreux témoignages de faveur et d'encouragement.

Lundi, le prince de Prusse est arrivé; l'accueil que lui a fait la population turinoise ne pouvait être plus chaleureux et plus enthousiaste ; il faut remonter à 1859, alors que les troupes françaises descendaient du Mont-Cenis, pour se rappeler de pareils applaudissements et de pareilles ovations ; ce succès du prince héréditaire de Prusse a bien son importance, surtout si l'on observe que, depuis des siècles, la race allemande et la race italienne ont toujours été antipathiques l'une à l'autre.

Le prince Napoléon est arrivé mardi seulement ; l'accueil qu'il a reçu n'avait pas, je dois l'avouer, le caractère de spontanéité et de vivacité, dont celui, fait à Frédéric-Guillaume, était empreint.

La journée du mardi a été consacrée aux courses. La foule s'était portée vers le Champ-de-Mars ou Place d'armes ; mais, ce spectacle qui, en France ainsi qu'en Angleterre, a le privilége d'exciter la curiosité du public, n'exerce que peu d'influence en Italie ; il n'est suivi que par un public spécial et par les désœuvrés ; aussi, c'était avec indifférence que l'on se promenait autour de l'enceinte réservée aux coureurs. Les lorgnettes étaient dirigées, bien plus sur le pavillon réservé à la cour, que sur les casaques vertes ou bleues des jockeys. Tandis que ces derniers couraient je me suis mis à examiner la princesse Marguerite. Elle est bien réellement charmante : de jolis yeux, un teint éclatant, une physionomie extrêmement spirituelle, de beaux cheveux dorés, voilà ce qui frappe tout d'abord. Ses traits très-marqués, n'enlèvent rien à sa grâce; sa vivacité et sa pétulance sont extrêmes. Elle portait une robe de taffetas bleu foncé, très-simple, avec une pèlerine et un petit chapeau de tulle blanc orné d'un bouton de rose.

Le soir de ce même mardi a eu lieu la signature du contrat, dans la salle du Palais-Royal. Cette cérémonie est à la fois la plus importante et la plus intéressante des fêtes officielles : c'est celle à laquelle on ambitionne le plus de figurer, car chacune des personnes invitées, en y assistant, signe au contrat : du reste il y a peu d'élus; la plus grande étiquette règne à cette solennité, objet de la convoitise de toutes les femmes. Celles qui y sont admises, par les règles de ladite étiquette, y figurent en grand habit de cérémonie. Les plus brillants uniformes et les joyaux les plus étincelants se montrent dans cette occasion. Le corps diplomatique n'y est pas invité, à l'exception des ambassadeurs, qui ont un de leurs princes parmi les assistants. Les femmes mêmes de ces ambassadeurs ne participent pas à l'invitation. C'est ainsi qu'à la signature du contrat, mardi, il n'y avait que le ministre de France, baron de Malaret, l'ambassadeur de Prusse, comte d'Usedom, M. de Castro, ministre de Portugal, et encore exceptionnellement, parce que le prince de Prusse, la reine de Portugal, et le prince Napoléon étaient présents.

Il n'y avait en tout que vingt-et-une dames présentes : reines, princesses, les dames de l'Annonciade, dames de service auprès de la reine, et des princesses présentes, anciennes dames de service des reines défuntes.

La princesse-fiancée était délicieuse dans une toilette de tulle rose à longue traîne ; elle portait des diamants pour la première fois. La reine de Portugal avait une robe cerise, avec traîne semblable, recouverte de dentelles, qui s'harmonisait avec la fraîcheur de son teint et faisait ressortir l'éclatant reflet de sa magnifique chevelure. La princesse Clotilde si charmante et si sereine, vêtue de bleu, ressemblait à une jeune matrone. La duchesse de Gênes était très-distinguée dans sa toilette lilas avec traîne semblable. Quant à la duchesse d'Aoste, toute en blanc, elle attirait les regards et la sympathie de chacun. On savait gré à la noble et vaillante jeune femme d'avoir eu assez d'empire sur elle-même, pour triompher momentanément de l'inconsolable chagrin que vient de lui causer la perte de la meilleure et de la plus adorée des mères. Malgré son deuil récent, la duchesse d'Aoste a consenti à donner à son beau-frère, le prince Humbert, une marque de déférence et d'attachement, en assistant à la signature de son contrat et à la célébration de son mariage à l'église. Ce sont les deux seules solennités auxquelles elle a pu se décider de figurer, et, ce ne fut pas sans hésitation, car pour être un des esprits les plus remarquables de son temps, on n'en est certes pas moins femme et fille ; mais elle a cédé devant la gracieuse insistance du roi qui, pour la déterminer à venir, lui a envoyé une de ces lettres pleines de cœur et d'esprit, comme les écrivait Henri IV et comme Victor-Emmanuel sait les écrire.

Le prince de Prusse dont la belle prestance et la figure douce et mâle à la fois, attirait tous les regards, redressait sa robuste taille dans un splendide uniforme.

Les dames de l'Annonciade présentes étaient au nombre de cinq ; c'était Mme la marquise Spinola, Mme la marquise de Villamarina, dans une superbe toilette jaune avec traîne semblable ; Mme Urbain Rattazzi, dans une robe de laine blanche à l'orientale, traîne rose brodée d'or et d'argent ; Mme la comtesse Menabrea dans une toilette lilas recouverte d'application, et la comtesse della Rocca, dans une toilette jaune à traîne semblable. La première dame d'honneur de la feue Reine, M™° la marquise de Robilant, frappait tout le monde par son grand air et son port majestueux ; il est facile de reconnaître dans ses traits accentués et effilés par les années, sans être flétris, les traces d'une exceptionnelle beauté. La jeune marquise de Villamarina, belle-fille du regretté préfet de Milan et première dame d'honneur de la princesse Marguerite a eu un succès de beauté et de toilette ; elle portait une splendide robe de tulle blanc et satin vert, avec une traîne de satin de même nuance ; ce merveilleux costume était semé partout de magnifiques diamants qui projetaient de toutes parts des lueurs phosphorescentes.

Plusieurs autres dames se faisaient encore remarquer par leur élégance et leur beauté, mais l'espace me manque pour les citer toutes et je me hâte de transcrire les noms des hommes éminents les plus entourés. C'était, d'abord, Monseigneur l'archevêque que chacun félicitait de sa nouvelle promotion, faite le matin même, à la dignité de chevalier de l'Annonciade ; puis le comte Sclopis qui venait aussi de recevoir le grand collier, choix approuvé par tous ; ensuite M. Urbain Rattazzi, tout ému encore de l'accueil sympathique que la population de Turin venait de lui faire aux portes mêmes du palais, enfin le marquis de Villamarina, notre ancien ambassadeur à Paris, qui a accompli le plus grand tour de force administrative possible, en restant pendant six ans préfet de la ville de Milan qu'aucun Autrichien n'a pu administrer pendant deux ans consécutifs. Obligé de reculer devant de petites intrigues et de se retirer devant la *consorteria*, qui ne cesse de travailler dans l'ombre, le marquis de Villamarina a emporté dans une retraite prématurée, l'estime et les regrets de toute une population qu'il avait toujours su gouverner et satisfaire, et sur laquelle il avait une réelle et légitime influence, dont on n'a pas su apprécier l'importance.

Mercredi, à dix heures précises, eut lieu au palais royal la célébration du mariage civil ; le maître des cérémonies, le comte de Sambuy, reçut les invités et les plaça chacun suivant son rang ou son grade. La première catégorie des invités était composée des dames de la future reine et de ses gentilshommes de cour ; la seconde était composée des chevaliers de l'ordre suprême de l'Annonciade, parmi lesquels, outre le comte Sclopis et l'archevêque de Turin, dont je vous ai parlé précédemment, on distinguait les quatre nouveaux-chevaliers : M. Casati, président du Sénat, MM. Désambrois, Torrearsa et de Sauget. La troisième catégorie comprenait les ministres, les présidents et les députations du Sénat et de la Chambre des députés, du Syndic de la *giunte* municipale de Turin, puis, enfin, de la maison du feu duc de Gênes.

La nef de gauche était réservée à la garde nationale et aux députations; la nef de droite aux officiers de l'armée; dans celle du milieu se tenaient les grands corps de l'État.

Toutes les dames étaient décolletées, en manteau de cour, diamants et voile sur la tête; la droite du maître-autel avait été réservée aux dames de l'Annonciade qu'on appelle ici, les *dames Excellence*, et qui étaient les mêmes que la veille: Mme la comtesse della Rocca, Mme la marquise Villamarina, la comtesse Ménabrea, Mme Urbain Rattazzi et la marquise Spinola. Elles occupaient le premier rang; les trois autres rangs étaient occupés par les dames d'honneur; en face, à gauche du maître-autel, se trouvait le corps diplomatique au grand complet; parmi les dames on remarquait la charmante lady Paget, femme du ministre d'Angleterre, la duchesse de Rivas, femme du ministre d'Espagne, et la comtesse d'Usedom, femme du ministre de Prusse, etc., etc.

Les époux s'agenouillèrent devant le principal autel. S. M. le Roi et les deux témoins se tenaient debout à leur droite, un peu en arrière, et du même côté se trouvait le banc de la reine de Portugal et des princesses ; un autre banc avait été disposé pour les princes ; après les princes venaient immédiatement les chevaliers de l'Annonciade.

L'archevêque d'Udine et l'évêque de Mantoue tenaient le voile sur la tête des époux ; après la cérémonie l'archevêque de Turin qui officiait leur adressa un discours.

Voici quelques-unes des toilettes que j'ai remarquées tandis qu'on officiait.

La jeune mariée était vraiment adorable dans sa toilette toute blanche brochée de marguerites d'or avec manteau de cour pareil, une étoffe magnifique qui lui a été offerte par la ville de Turin ; le voile diaphane rabattu sur le visage, un riche bandeau de diamants et une rivière à huit rangs de brillants énormes et de la plus belle eau ; elle était pâle et émue, mais ravissante. La duchesse de Gênes était en blanc et or également : aucune des femmes présentes ne porte et n'étale si bien qu'elle sa traîne ; la reine de Portugal avait, non un manteau de cour, mais un manteau royal s'attachant aux épaules au lieu de s'attacher à la ceinture, en velours vert garni d'hermine ; elle avait voulu paraître, en reine, au mariage de son frère. La duchesse d'Aoste était toute en blanc, elle priait avec ferveur ; la princesse Clotilde en toilette paille à traîne bleue ; la jeune marquise de Villamarina avait une toilette rose à traîne semblable non moins splendide que celle de satin vert qu'elle portait la veille; sa belle-mère avait une toilette paille et un splendide bandeau de diamants sur le front. M*me* Urbain Rattazzi, une robe de poult de soie blanche, toute brodée de marguerites blanches et or, un long manteau de cour semblable et un diadème de perles retenant un voile de point d'Alençon à ses armes.

L'effet de toutes ces toilettes, de ces voiles, de ces diamants, de cette nef éclairée, était splendide. Après la cérémonie, le cortége se remit en marche, toutes les femmes laissèrent tomber leurs traînes qu'elles tenaient sous le bras gauche, et ce fut un coup d'œil vraiment féerique.

Le soir, il y eut dîner à la cour; à ce dîner étaient invités les chevaliers de l'Annonciade, le syndic, le préfet et les principales autorités, après le dîner, il y eut au Théâtre-Royal, spectacle de *Gala*. Vous savez ce qu'en Italie on appelle spectacle de *Gala*; c'est une représentation où se rend toute la cour en grande cérémonie; la salle est éclairée à *giorno* et chaque loge reçoit deux candélabres à cinq branches; il en résulte que tout le parterre du théâtre est plein de lumière. Le théâtre *Regio* de Turin est superbe : il est moins grand que San Carlo ou la Scala, il est moins élégant que la Fenice, mais il est d'une richesse d'ornementation inouïe ; les jets de lumière sur l'or et le cramoisi de ses ornements, avaient un éclat sans pareil ; toutes les loges étaient occupées, toutes les stalles étaient prises ; au parterre on étouffait.

Que vous dire des toilettes, des diamants, des dentelles ? Comment décrire cet assemblage prestigieux de couleurs, d'uniformes, d'épaules et de bras nus ? Il faut voir un spectacle pareil pour s'en faire une idée juste.

Le roi est arrivé à neuf heures précises ; toute la salle s'est levée dans un même élan, l'hymne royal a retenti et les applaudissements se sont prolongés pendant près d'un quart d'heure ; le roi occupait le milieu de la loge royale ; il avait à sa droite la reine de Portugal, puis le prince de Prusse, la princesse Clotilde et le prince Amédée ; à sa gauche la princesse Marguerite, le prince Humbert, la duchesse de Gênes, le prince Napoléon et le prince de Carignan. Inutile de dire que l'on ne regardait le ballet qu'avec distraction, le spectacle était dans la salle et non sur la scène ; à dix heures et demie, la cour se retira ; elle fut saluée par les applaudissements de la salle entière qui acclamait avec frénésie les jeunes époux, le roi et ses illustres hôtes.

LE CARROUSEL.

Le vendredi enfin, se donna le carrousel offert au prince héréditaire.

Au premier aspect rien ne semble plus simple que l'organisation d'un carrousel, mais si l'on réfléchit un peu, on s'aperçoit bien vite des difficultés d'exécution. Il faut d'abord un emplacement, puis un théâtre, puis des écuyers, puis des costumes, tout cela n'est rien pour un cirque Franconi, mais pour une municipalité qui s'adresse à la bonne volonté des particuliers, c'est une affaire sérieuse.

Turin n'est pas seulement la ville des rues larges et droites, c'est aussi par excellence la ville des places élégantes et spacieuses; la place choisie pour y élever le cirque était la place *Charles-Emmanuel*, autrefois place Carlina; elle servait jadis de marché aux vins; il y a six ans on y voyait encore des toits délabrés et des couvents en ruines, sous lesquels les marchands de vins du Piémont cherchaient, chaque samedi, à s'abriter. Grâce au progrès que l'édilité a fait dans tous les pays, et notamment à Turin, la place Carlina s'est depuis transformée en place Charles-Emmanuel ; de marché sordide et boueux, elle est devenue un emplacement vaste, propre et digne tout-à-fait d'être une place de grande et belle ville.

Avant de vous parler du spectacle, je suis obligée, d'entrer dans quelques détails descriptifs afin de vous en faire bien saisir l'ensemble.

Cette place Carlina est un vaste carré d'environ 200 mètres de côtés ; au lieu d'élever des gradins le long des maisons, on a tout simplement construit un immense amphithéâtre rappelant tout-à-fait, par ses formes, ses dispositions et ses dimensions, les arènes antiques telles qu'on les voit à Rome, à Vérone ou à Nîmes. Ce cirque, dont le diamètre extérieur est d'à peu près 160 mètres, et le diamètre intérieur, de 70 mètres, peut contenir 50,000 spectateurs ; il ressemble extérieurement à une immense tour de 20 mètres de haut, sur laquelle grimpent des escaliers, qui semblent mis autour d'elle pour l'escalader. Ces escaliers sont en nombre prodigieux : cela s'explique parce que le monument a deux étages et les deux escaliers du premier étage ne conduisent pas au second. Le premier étage est destiné aux spectateurs qui resteront debout, le second est réservé aux spectateurs assis. Ce premier étage ressemble assez au parterre de nos théâtres de Paris où la moitié des spectateurs sont cachés par l'avancement du balcon des loges de la première galerie. Seulement, ce premier étage a des proportions incalculables. Dans la partie cachée par l'immense balcon qui la domine, s'agite et se démène toute une population qui se perd au loin dans des profondeurs insondables ; c'est une foule noire, confuse, inquiète, impatiente qui roule à travers les vomitoires, se tord dans les couloirs et s'allonge en immenses anneaux.

Sur le même plan, mais à l'air libre et jouissant par conséquent du coup d'œil d'ensemble, se trouve la partie la plus rapprochée du cirque où les cavaliers vont bientôt entrer. Le public est séparé de l'arêne par une balustrade sur laquelle s'épanouissent en couronne, une immense quantité de fleurs.

Le second étage est, comme je vous l'ai dit, réservé aux spectateurs qui doivent être assis. C'est à ce second étage qu'est placée la loge royale : elle est adossée à la partie sud della Via Academia Albertina ; elle fait face à la porte monumentale par laquelle les joûteurs doivent entrer dans l'arêne. Au-dessus de cet immense arcade un plateau a été établi : c'est là qu'une excellente musique fait entendre l'éclat de ses fanfares.

Au-dessus du second étage, une colonnade corinthienne couronne l'édifice ; sur chacune des colonnes, à chapiteaux dorés, est fixé un anneau qui retient l'extrémité d'une toile aux diverses couleurs, dont l'autre extrémité va se joindre à un cercle central suspendu dans les airs par des chaînes habilement dissimulées. Ce cercle, en réunissant ainsi toutes les toiles fixées aux colonnes, forme un magnifique velarium jaune, blanc et bleu dont les teintes se dégradent et se mêlent ; grâce à la mobilité de cette tente, ondulant au moindre souffle, chaque entre-colonnement est formé par une tenture rouge et blanche, tenture mobile comme le velarium et qui laisse entrevoir, de temps en temps, un pan gris du ciel ou la corniche élevée d'une mansarde. Il est trois heures : une pluie lente commence à tomber, l'amphithéâtre regorge de spectateurs ; déjà des parapluies commencent à s'ouvrir. Soudain, les tambours battent aux champs, la musique éclate en fanfares, cinquante mille spectateurs poussent une immense clameur qui se perd dans les profondeurs de l'amphithéâtre ; tous se lèvent pour saluer la famille royale à son entrée dans sa loge. Il est impossible de rendre l'effet de cette ondulation formidable de corps humains, s'inclinant comme sous un souffle devant son souverain ; comment décrire l'aspect de cette foule immense, prodigieuse par sa masse, importante par son attitude, resplendissante par la variété des couleurs, étonnante par son ensemble?

Théophile Gautier et Paul de Saint-Victor seraient seuls capables de donner une idée précise de cet étrange spectacle. Dans la loge royale, le roi, entouré de sa famille et de ses illustres hôtes, se tenait debout; derrière ce groupe principal, on distinguait le premier aide-de-camp du roi, le syndic et le préfet de Turin, puis les ministres, puis la maison militaire, puis les dames de la cour. La foule debout et respectueuse applaudissait à outrance : cette foule avait des aspects changeants dus à l'agglomération plus ou moins grande, sur un même point, d'hommes ou de femmes; là où l'habit noir dominait, l'aspect était sombre et triste ; là où la plus belle moitié était en majorité, l'aspect était charmant. Tout avait été naturellement laissé au hasard, aussi la mosaïque humaine était-elle fantaisiste et capricieuse ; là, un mélange assez égal des deux sexes laissait le regard indifférent; ici, un coin noir ou sombre vous faisait détourner les yeux ; plus loin un véritable parterre, un décaméron gigantesque, reposait la vue. Soudain les draperies qui ferment la porte monumentale dont j'ai parlé, s'écartent et le prince Amédée, ayant à ses côtés le prince Thomas, le jeune frère de la princesse Marguerite, entre dans l'arène suivi de 100 cavaliers divisés en trois escadrons, et vient s'arrêter en saluant, devant son auguste père. L'enthousiasme de la foule ne connaît plus de bornes et les applaudissements se prolongent indéfiniment.

Le carrousel était dirigé par le prince Amédée. Les costumes choisis étaient des costumes de la fin du seizième siècle. Le prince Amédée portait un splendide costume rouge et blanc brodé d'or, avec berret en velours rouge surmonté d'un panache blanc; son cheval, un magnifique animal, se redressait fièrement, secouant avec feu sa tête énergique et fine.

Le prince Thomas avait un délicieux costume violet et blanc. Ce jeune homme est charmant : il rappelle assez par sa tournure et son élégance, cette charmante statue qui représente, au Louvre, Henri IV enfant.

Les tenants ou joûteurs forment trois quadrilles; il y a trente-deux chevaliers par quadrille.

Les costumes sont, comme je l'ai dit, du seizième siècle ; les quadrilles sont, l'un italien, l'autre espagnol, et le troisième flamand. Comme il y a eu au seizième siècle différentes sortes de costumes, je vous indiquerai ceux qu'on avait choisis.

Chausse à maille à mi-cuisse, culottes bouffantes, manteau flottant sur l'épaule, toque empanachée, bottes jaunes évasées à revers, éperons d'or, épées, colliers, etc., etc.

Le quadrille italien était vêtu de satin et velours blanc et bleu, alternés, galonnés d'or.

Le quadrille espagnol était jaune et violet, satin et velours, manteau violet.

Le quadrille flamand était rouge, noir et vert, avec manteau vert.

Le spectacle a commencé par les évolutions des trois quadrilles.

Le quadrille italien était commandé par le comte Marazzani; le quadrille espagnol par le comte de Bagnasco et le quadrille flamand par le colonel Lanza Vechio de Buri, directeur de l'école de Pignerol.

Chaque quadrille a fait merveille; je ne suis pas assez versée dans la science hippique ou franconique pour vous donner les détails techniques des exercices et des évolutions qui se sont succédé, sans relâche, pendant deux heures. Tout ce que je puis vous affirmer c'est que les applaudissements n'ont pas été ménagés aux acteurs de ce drame, essentiellement courtois et chevaleresque. Le prince Amédée a eu un véritable succès d'enthousiasme, lorsque, dans la course des sauts, il a fait à diverses reprises franchir, avec une crânerie toute martiale, l'obstacle, par son cheval qui résistait en se cabrant. Il y a eu à ce sujet quelques incidents comiques : plusieurs chevaux, de mauvaise humeur sans doute, n'ont pas voulu s'exécuter ; au lieu de franchir l'obstacle ils lui tournaient le dos; quelques-uns sont tombés, un cavalier a été désarçonné, mais il s'est vite remis en selle. Aux évolutions des quadrilles ont succédé la course des anneaux et le jeu des *Barres*, dans lequel chaque cavalier cherche à ravir à l'autre une rose suspendue à son épaule; puis enfin le jeu des javelots, jeu par lequel, en frappant dans le centre d'un tambour, on donne la liberté à une multitude d'oiseaux portant, suspendues à leur queue, des banderolles de couleurs. Le spectacle s'est terminé par les évolutions et les exercices des trois quadrilles réunis. Celui qui surtout m'a semblé avoir recueilli surtout la faveur du public, est le quadrille flamand : cela tenait-il à la jeunesse et à l'agilité des cavaliers, ou bien à la musique alerte et vive qui les accompagnait, ou bien encore à la rapidité de leurs mouvements? Je l'ignore, je constate seulement un fait.

A cinq heures, le spectacle était terminé, et la pluie qui avait ménagé pendant deux heures les costumes des jeunes joûteurs commença à tomber. Le roi se retira tout à fait à la fin du carrousel et la foule le suivit, pendant longtemps, de ses vivats et de ses applaudissements.

Le soir, malgré la pluie, les illuminations brillèrent dans toutes les rues de Turin. La rue Dora Grossa, la rue du Pô et la place du Château avaient chacune un caractère d'illumination différent, et chacune d'elles était vraiment splendide à voir.

La rue Dora Grossa était surmontée, dans toute sa longueur, d'une voûte de lumière produite par des arcades aériennes et lumineuses, espacées de vingt mètres en vingt mètres.

L'effet de cette illumination était prodigieux, la lumière était uniforme et dorée; l'arcade immense fuyait en diminuant au loin et les dégradations dues à l'espace et à la diminution d'intensité de la lumière, lui donnaient un aspect fantastique.

Le système d'illumination de la rue du Pô présentait la même disposition avec cette différence que, au lieu d'arcades on avait formé des trapèzes dont la lumière suivait les contours, et qu'au lieu d'avoir une teinte lumineuse uniforme, on avait nuancé l'espace illuminé de lignes blanches, rouges et vertes; ces lignes étaient formées par des verres de couleurs suspendus en forme de pendeloques à d'énormes calottes. Les trapèzes, comme les voûtes de la rue Dora Grossa, reposaient sur des cordons de feux blancs. La place du Château était sillonnée de jets lumineux qui suivaient les contours de ses arcades et les lignes de ses ouvertures ; à l'entrée de la rue Neuve se dressait une arcade colossale de forme ovale, dont la volte, formée de globes en feux blancs, se détachait sur un fond de feuillage et de fleurs, formant une vraie tapisserie, et composée par l'assemblage, habilement nuancé, de globes à flamme de diverses couleurs.

La foule a circulé jusqu'à minuit au milieu de ces merveilles ; elle était ravie, et de fréquents vivats partis de la place du Château, apportaient aux nobles hôtes du roi (il y avait dîner de gala à la cour) les témoignages de la satisfaction générale.

Le samedi il y eût bal à la cour. Depuis longtemps on n'avait vu une pareille affluence ; il était impossible de circuler ; hormis les personnes occupant les places réservées, je doute que beaucoup aient pu jouir du spectacle de la salle de bal, et de la vue des membres de la famille royale. A huit heures et demie, le monde officiel est réuni ; il entre par une entrée spéciale qu'on appelle *Entrata del Giardino*, et il attend, dans une grande salle qui lui est affectée spécialement, le moment d'aller occuper ses places. Ces places sont de trois catégories : les premières sont des chaises à droite du trône, et appartiennent aux dames de l'Annonciade ; derrière ces chaises se trouve un banc pour les dames d'honneur des feues reines.

Deux bancs de côté sont réservés aux femmes de la diplomatie et des chefs de mission ; les diplomates se tiennent debout derrière leurs femmes ; à gauche du trône sont les places de troisième catégorie, composées de trois bancs : le premier affecté aux femmes des ministres actuels, les autres bancs aux femmes des aides-de-camp et des officiers d'ordonnance en activité, aux femmes des gouverneurs de palais et autres charges de la Maison du Roi.

Les femmes des aides-de-camp honoraires et des officiers d'ordonnance honoraires n'ont aucun droit à occuper ces places ; seulement on permet quelquefois officieusement qu'elles se joignent aux femmes des aides-de-camp actifs, et des officiers d'ordonnance actifs, quand il n'y a pas trop de monde ; mais cette tolérance, dépendant uniquement du plus ou moins de facilité ou de bonne volonté des maîtres de cérémonie, est sans caractère officiel et cesse dans les occasions solennelles, lorsque toutes les places sont occupées par les personnes y ayant droit.

Ces trois catégories bien marquées (j'oublie les dames d'honneur du service des reines et des princesses, qui se tiennent derrière elles), le reste des invités se place comme ils veulent et comme ils l'entendent ; les places, en dehors du cercle occupé par la Cour, appartiennent au premier occupant.

Les dames de l'Annonciade, qui ont le pas sur toute la Cour, passent les premières dans la salle de bal ; les femmes des ambassadeurs et chefs de mission viennent ensuite, et, en troisième lieu, la troisième catégorie que nous venons d'indiquer ; ces divisions parfaitement établies, vous aurez une idée exacte du cérémonial adopté à la cour d'Italie.

Les femmes des anciens ministres, même de ceux ayant été présidents de conseils, une ou plusieurs fois, n'ont aucune place réservée ; elles se placent, comme tout le reste des invités, dans la foule.

Je reviens au bal : il était très-brillant, quoique trop nombreux ; on étouffait littéralement ; la famille royale y assistait toute entière moins la duchesse d'Aoste ; la reine de Portugal est arrivée après minuit, elle était malade ; le corps diplomatique était au grand complet ; il n'y avait que quatre dames de l'Annonciade : MM^{mes} de Villamarina, Rattazzi, della Rocca et Menabrea.

La jeune mariée, la princesse Marguerite, était charmante et rayonnante dans une toilette de tulle blanc garni de clématites, elle portait un splendide diadème d'émeraudes, collier semblable. La duchesse de Gênes et la princesse Clotilde étaient en blanc également. Mme la comtesse della Rocca était en satin lilas ; la marquise de Villamarina, très-élégante, comme toujours, en rouge avec un bandeau de diamants ; Mme Urbain Rattazzi, en tulle marron très-sombre, relevé de loin en loin par des roses au cœur de diamants, des perles au cou et dans les cheveux : Mme Menabrea en gris et blanc, la comtesse d'Usedom, ambassadrice de Prusse, dans une splendide toilette jaune avec fleurs jaunes, merveille de Worth ; la comtesse de la Ville (Mlle de Cigala, une des plus jolies personnes de la cour), dame de la princesse Marguerite, dans une ravissante toilette de taffetas blanc, tulle et roses blanches.

Le quadrille d'honneur a ouvert le bal. Y ont pris part tous les princes, à l'exception du roi et du prince Napoléon, les dames de l'Annonciade, la femme du ministre de Prusse, celle du ministre de Portugal, M. de Seebach, ministre de Saxe et M. de Malaret ; ensuite les danses générales se sont ouvertes et se sont prolongées jusqu'après trois heures du matin.

Le roi et la famille royale se sont retirés à une heure et demie.

—

Les fêtes se sont terminées par la solennelle inauguration, faite par la princesse Marguerite, lundi à une heure, de l'Ecole professionnelle de l'Institut national, pour les filles des militaires italiens. La grâce exquise avec laquelle la princesse a interrogé une des petites filles, a soulevé un mouvement de sympathie; la salle où avait lieu l'inauguration était splendidement décorée : on remarquait parmi les dames patronesses la marquise del Carretto, la comtesse de San Germanio et la jolie Mme Villa, née Brofferio, dans une ravissante toilette de taffetas gris.

M. Villa qui est le secrétaire-général de l'œuvre avait tout organisé. J'aurais voulu consacrer plus d'espace à cette intéressante solennité, mais j'espère y revenir.

Turin devait avoir un très-beau bal costumé. Le cercle des artistes l'eût merveilleusement organisé, mais je ne sais pourquoi il a été abandonné, au grand désappointement de plusieurs personnes de la Cour, qui avaient préparé de magnifiques costumes.

Au milieu de cette avalanche de bals et de fêtes,

je m'aperçois que je ne vous ai rien dit de la fête donnée à la Société philharmonique, et qui a été des plus brillantes, malgré l'encombrement. La jeune princesse y a fait sensation par sa beauté, sa grâce et son entrain.

Le Corso du dimanche était splendide. On a beaucoup admiré l'équipage de gala de la marquise Pallavicini (princesse de Lucinge); la cour et la ville y figuraient, à la seule exception du prince Napoléon, et toute la population était rangée en quintuple haie sur le passage des voitures. Le prince de Prusse a été acclamé de la façon la plus bruyante, mais la plus flatteuse. Ce *corso* qui a lieu dans la rue Pô, a deux courants, l'un ascendant, l'autre descendant; dans les grandes solennités, l'aristocratie de Turin aime à faire voir le jour à ses équipages les plus beaux, à ses livrées les plus riches; les voitures de la cour y étaient en grand nombre; au lieu de se succéder en file comme il arrive parfois, elles s'étaient divisées en trois groupes différents; le premier comprenait plusieurs voitures dont l'une était occupée par le roi et la reine de Portugal; dans une autre, les jeunes époux causaient avec le prince de Prusse; ensuite venait la duchesse de Gênes.

La soirée a été terminée par un merveilleux feu

d'artifice dont on avait construit l'échafaudage sur la place d'Armes : on avait eu raison car la place d'Armes peut contenir 300,000 spectateurs ; ce qu'il y avait de curieux ce n'était pas le feu d'artifice, c'était le public ; il se composait en grande partie de paysans venus le matin même à Turin ; ces paysans avaient apporté leur dîner ; à six heures ils étaient réunis autour de l'édifice, qui devait s'enflammer et, sans plus de façon, ils se mirent à table... je ne dirai pas sur l'herbe, mais sur le sable. Après dîner, ce fut en dansant et en chantant qu'ils attendirent l'heure fixée pour le spectacle. Il était neuf heures ; un coup de canon annonça que la loge royale venait d'être occupée par la Cour ; aussitôt les fusées commencèrent à se montrer dans les airs. On ne décrit pas un feu d'artifice, car toute description est au-dessous de la réalité. Comment, en effet, donner une idée précise de ces jets de lumières, de ces formes étranges et de diverses couleurs qui montent, courent, volent en se tordant sous une pluie d'étincelles ? Comment faire voir ce soleil, tournant avec une rapidité vertigineuse et changeant à chaque instant de couleur et d'éclat ? Comment décrire cette canonnade et cette mousqueterie incessantes se succédant, se répondant, se multipliant, répercutées, au loin par les échos de la colline ? Ajoutez à ces bruits majestueux les cris de la foule et les applaudissements qui, de tous les coins de la place d'Armes, éclataient avec ensemble, et vous aurez à peine une idée de ce spectacle aussi merveilleux que saisissant.

LES FÊTES DE FLORENCE

L'entrée du prince Humbert à Florence a été splendide ; la ville avait été décorée avec une richesse inouïe. Ce n'étaient que drapeaux, banderolles, oriflammes, bannières, tentures, tapisseries. Les fleurs surtout avaient été prodiguées. On en avait mis partout ; c'était d'un effet charmant. Florence a donné raison à la tradition qui veut qu'elle ait été fondée dans un champ couvert de fleurs ; elle n'est par restée au-dessous de son nom (Firenze ville de fleurs) et s'est montrée digne de son blason.

Sur la place Frescobaldi et sur le pont Santa-Trinita, c'étaient de gigantesques azalées en forme de pin, mesurant au moins deux mètres de haut ; dans la via Maggio et dans la via Tornabuoni, d'immenses corbeilles de fleurs suspendues au-dessus de la rue par des liens de feuillage, tendus d'une maison à une autre. L'église de San-Gaetano avait disparu sous une muraille d'arbustes fleuris.

Une petite rue, dont j'ai oublié le nom, avait été convertie en un véritable berceau de feuillage tout constellé de roses. Dans le quartier des Cascines, sur un piédestal de fleurs, une excellente statue de femme, en marbre blanc, tenait d'une main une couronne de roses destinée à la princesse, et de l'autre une palme réservée au prince. Sur la place *Piazzale*, deux colonnes en granit gris surmontées de génies ailés ; sur le Lung'Arno, des tribunes aux draperies rouges, blanches et vertes. Devant le palais Pitti, deux immenses trophées, dans lesquels les canons, les boulets, les fusils, les baïonnettes apparaissaient au milieu des fleurs. Sur les parapets des ponts, des fleurs ; sur toutes les fenêtres, sur tous les balcons, des fleurs ; dans toutes les mains, des fleurs. Enfin, des fleurs partout, partout des fleurs. Rien de délicieux comme ce genre d'ornementation. Les grandes tentures armoriées tombant des balcons des palais, les antiques tapisseries à personnages, garnissant les murailles, étaient aussi d'un grand effet.

Dans un tel cadre, le cortège royal formait un

tableau imposant, et il n'était pas besoin de faire de grands efforts d'imagination pour se représenter ce qu'ont pu être jadis les fêtes analogues à celles-ci, alors qu'Eléonore de Tolède, Jeanne d'Autriche, Victoire de la Rovère, Louise d'Orléans faisaient leur entrée dans Florence.

Ramassée sur elle-même et peu sillonnée de rues larges et droites, Florence se prête mal aux exigences de pareilles fêtes ; la foule circule avec peine, souvent la perspective manque, si ce ce n'est, cependant, sur les ponts et le long de l'Arno dont les quais se prolongent à perte de vue jusqu'aux Cascines ; aussi les illuminations de cette partie de la ville étaient-elles splendides. Ce qui fait le fond des illuminations de Turin c'est le verre de couleur : il est, au contraire, à Florence, complétement banni. L'élément lumineux est ici une espèce de veilleuse reposant sur un lit d'huile, contenue dans un globe de verre très-mince et très-luisant. Ces globes ressemblent assez, par leur forme, à une gourde de pèlerin. Répandus avec une profusion sans égale autour de toutes les ouvertures des palais et des maisons qui bordent le quai, ils donnent aux deux rives du fleuve l'aspect des parois d'une chapelle ardente dont le fond serait l'infini ; disposés, en outre, autour de chaque bec de gaz ils font ressembler ceux-ci à de gigantesques candélabres.

Ces foyers de lumières reposent sur le parapet même du quai : au-dessous d'eux, et le long des murs, entre lesquels le fleuve est encaissé, ces globes courent de chaque côté de l'Arno, sur deux lignes horizontales qui vont refléter leurs feux par-delà les limites que le regard peut atteindre. L'eau recevant la lumière sous des angles différents, la nuance de reflets dont la vivacité s'atténue et se dégrade; flamboyante sur les bords, elle prend vers le milieu du fleuve des teintes d'argent en fusion.

Pour se faire une idée précise de l'effet des illuminations à Florence il faut connaître la ville, il faut avoir vu et regardé avec attention ces palais d'une architecture si pure et si caractéristique ; l'artiste qui a conservé dans les yeux le souvenir des lignes imposantes des palais Pitti, Strozzi et Riccardi ; celui qui n'a pas oublié l'élégance de la **tour du Palais-Vieux** et qui se rappelle la majestueuse ampleur du dôme de Brunelleschi, peut seul se rendre compte de l'aspect féerique que prennent ces merveilleux monuments, alors que leurs admirables proportions et leurs harmonieux détails se dressent et resplendissent sous des lignes de flammes.

Je ne vous parlerai pas des régates sur l'Arno ; elles ont fait un fiasco complet : cela s'explique, du reste, dans une ville dont le fleuve a peu de profondeur et souvent pas d'eau. Quant aux courses, elles n'ont présenté qu'un intérêt secondaire. Elles ont produit dans les Cascines un certain mouvement de chevaux, de voitures, de population de toutes classes, allant, venant, se croisant, se poussant et faisant voler sur la verdure les flots d'une insupportable poussière. Je sais bien que la Cour animait ces spectacles de sa présence ; mais je vous avoue franchement que cela ne suffisait pas pour en faire oublier l'incontestable médiocrité.

La journée du 3 mai a été bien remplie ; dans l'après-midi, grand corso ; le soir à 10 heures, feu d'artifice ; à minuit, bal masqué à la Pergola. Le corso a été trouvé très-beau ; je m'incline devant cette opinion générale, mais je conviens, en toute humilité, que je ne m'explique pas le charme que l'on peut éprouver à voir tourner dans un cercle non interrompu, sous l'ardeur d'un implacable soleil, à travers des rues étroites et tortueuses, au milieu d'une population plus curieuse qu'enthousiaste, une succession d'équipages fort brillants, il est vrai, mais contenant peu de jolies femmes. Les voitures de la Cour étaient véritablement étincelantes de dorures ; les équipages les plus remarqués étaient aux armes de M. le marquis Piccolelli de Naples, du prince Poniatowski, du marquis

Della Gherardesca, de la princesse Strozzi et de la princesse Corsini.

A 7 heures 1[2, le corso était terminé mais la foule, au lieu de se retirer, se portait en flots tumultueux sur les quais et vers les ponts; chacun avait hâte de prendre place pour voir le feu d'artifice qui, cependant, ne devait commencer qu'à 10 heures. Ce feu d'artifice était préparé sur un pont provisoire construit en face de l'hôtel de la Paix, un peu en aval du pont alla Carraia. On aurait pu, ce me semble, choisir un emplacement plus convenable, les hauteurs de Fiesole, par exemple, car l'espace manquait aux innombrables spectateurs, accourus de toutes les parties de l'Italie, pour assister à ces fêtes.

Ne désirant pas me mêler à cette multitude sombre et profonde, dont l'observation cependant, avait son intérêt, je pris un parti héroïque : je me dirigeai vers la colline sur laquelle est assise l'église de San-Miniato qui domine toute la ville ; je m'engageai résolûment dans les rues solitaires qui conduisent à ces hauteurs. La nuit était merveilleuse, d'innombrables étoiles tachetaient de points lumineux le ciel d'une admirable pureté, et d'un azur transparent et doux qu'il empruntait à la clarté laiteuse de la lune; à mesure que j'avançais, les rumeurs de la ville s'affaiblissaient et se confondaient dans un indéfinissable murmure ; à 9 heures 1|2 j'arrivais au point culminant de la colline : Florence gisait à mes pieds, je distinguais, à travers une brume blanchâtre, l'amas confus de ses rues et de ses monuments, les unes indiquées par la faible lueur de leurs lignes tortueuses, les autres détachant leur noire silhouette sur un fond légèrement éclairé.

En attendant l'apparition de la première fusée, deux de nos amis se livraient au milieu de lazzis essentiellement parisiens, aux réflexions les plus saugrenues sur Dante et Pérugin ; l'un prétendait que le vieil Alighieri était comme écrivain un sphinx, comme homme politique une girouette ; l'autre affirmait que les créations du Pérugin n'avaient qu'un avantage sur les bonshommes que l'on débite à la foire de Saint-Cloud : « Ils sont disaient-ils, en bois au lieu d'être en pain d'épices.

Et comme l'un de nous se récriait...

« Pas d'observations, répliqua notre impertinent compagnon, c'était l'avis de Michel-Ange. »

Sur cette affirmation, donnée avec le ton impératif d'un homme convaincu, j'allais protester, mais dix heures sonnèrent à l'horloge de la Signoria et trois coups de canon annoncèrent le commencement du spectacle.

Le feu d'artifice en question n'avait rien de

particulier. Je dois même dire qu'il a effleuré le *fiasco* ; il se composait de fusées, de bombes, de soleils, de feux de bengale, de canonnade et de mousqueterie. Le bruit du canon et de la fusillade répercuté par les échos des gorges de l'Apennin se prolongeait en s'éteignant. La pièce principale était la façade d'un château du XV° siècle, dont les détails et les reliefs étaient accusés par des lignes de feux blancs. Le dessin de cette façade figurait une allégorie que je n'ai pas bien comprise, mais dont il me paraissait inutile de chercher le sens, l'effet général ne pouvant, en réalité, rien gagner à l'explication de ce logogriphe. Si le feu d'artifice, maigre et mal nourri, laissait beaucoup à désirer il n'en constituait pas moins, vu du point où j'étais placée, un spectacle d'une étrangeté fantastique. Florence, avec son fleuve à teinte argentée, avec ses ponts et ses quais encombrés par une foule noire et compacte, avec ses blanches façades de Lung'Arno, avec ses dômes énormes, ses innombrables clochetons, éclairée, par intermittence, de lueurs rouges et dorées, donnait l'idée de ces merveilleuses cités décrites dans les récits de Scheherazade. Lorsque les bouquets lancèrent dans les airs leurs feux multicolores, on eût dit un volcan sous-marin, s'ouvrant avec une indomptable puissance un chemin lumineux à travers les eaux de l'Arno. Les fusées éclataient en traînées horizontales, aux ondulations capricieuses, et, des hauteurs de la vieille Fésule, nous dominions ce formidable orage dont les étincelles brodaient sur des nuages sombres d'éblouissants zig-zags.

A 11 heures tout était fini. Nous descendîmes ; en avançant vers le centre de la ville nous trouvions, à chaque pas, des bourgeois et des gens du peuple regagnant leur gîte ; les rues, naguère désertes et silencieuses, devenaient populeuses et bruyantes, et ce fut à grand peine que nous pûmes parvenir à franchir les ponts, pour nous rendre à la Pergola.

Un bal masqué en Italie! à Florence ! à la Pergola! quelle fête ! quel programme plein de promesses et de séduction. Mais, hélas ! *promettre est un, et tenir est un autre*, a dit notre bon Lafontaine ; et si jamais il eut raison ce fut dans le cas actuel. Le théâtre était, il est vrai, éclairé *a giorno*, mais la salle terne et froide contenait une centaine de personnes qui avaient partagé nos illusions ; l'immense majorité des loges inoccupées, trois ou quatre costumes flétris, une rixe au sujet des jambes d'une demoiselle court-vêtue, que l'on avait traitée de *gallina* (poule) ; deux ou trois grandes dames perdues dans cette immensité de loges vides et faisant une mine assez piteuse, voilà tout le souvenir que m'a laissé le *Veglione* masqué de la Pergola.

Un bal à la cour, un tournoi, un grand bal aux Cascines, voilà trois nouveaux chapitres des fêtes officielles.

Au bal de la Cour, l'obligation de l'uniforme avait été heureuse, en ce sens qu'il y avait moins de cohue que d'habitude, mais j'ai fait dix fois déjà la description des bals du palais Pitti, je ne recommencerai donc pas ; je crois cependant que jamais depuis l'installation de la nouvelle capitale il n'y a eu autant d'ordre, et si peu de confusion dans les fêtes royales, les toilettes aussi étaient plus élégantes, les uniformes plus brillants, les queues s'étalaient plus à l'aise. Auprès de la famille royale au grand complet, se trouvaient le prince de Prusse, la grande-duchesse Marie de Russie; les princes et princesses occupaient un rang de chaises à crépines d'or. Trois dames de l'Annonciade, seulement, assistaient à ce bal, la comtesse de la Marmora, Mme Rattazzi et Mme Menabrea ; le Corps diplomatique tout entier s'y trouvait. La toilette la plus brillante et la plus remarquée était celle de Mme la comtesse d'Osten-Saken, femme du premier secrétaire de l'ambassade de Russie : un diadème de brillants splendides, d'une forme nouvelle, une robe de tulle et roses blanches, mais admirablement combinée. Celle de la princesse Caroline Bonaparte, et celle de la comtesse d'Usedom étaient aussi très-belles. La première avait une robe de crêpe jaune, dont la garniture, composée d'une guirlande de roses de toutes couleurs au bas de la jupe, était un chef-d'œuvre ; on se fut penché pour les cueillir tant elles étaient vraies, vivantes, naturelles, exquises et fraiches. Dans les cheveux, accompagnant cette splendide toilette, un petit diadème de peu d'importance comme pierres, mais admirablement monté par *Twerembold* notre *Rouvenat* italien. La comtesse d'Usedom avait une robe blanche à paniers, toute recouverte d'une tunique de tulle lamée d'or, dans les cheveux deux ou trois diadèmes de diamants l'un sur l'autre, suivant la nouvelle mode, qui veut des échafaudages.

Parcourons maintenant le rang des personnes royales. La princesse Marguerite avait une robe toute blanche et un diadème d'étoiles de brillants dans les cheveux: la reine de Portugal une robe blanche également, mais garnie de roses rouges; des émeraudes entourées de brillants ruisselaient sur son cou, étincelaient dans ses cheveux ; la duchesse de Gênes était en taffetas bleu recouvert d'applications ; la grande-duchesse de Russie en blanc, avec tunique ponceau, de splendides perles au cou, dans les cheveux, une dizaine au moins de rivières de diamants. Madame de la Marmora avait une robe très-jeune en tulle blanc, garnie de lierre, des diamants dans ses bandeaux. Madame Urbain Rattazzi était en tulle blanc avec des roses jaunâtres, un voile de gaze d'argent recouvrant toute la robe, une couronne de princesse en brillants sur le front. Madame Menabrea était en lilas.

J'ai remarqué aussi derrière la reine de Portugal une jeune femme peu connue encore à la Cour, dont je ne sais pas le nom, mais qui a eu un succès de beauté, de modestie et de toilette. Par la nature de sa place, elle doit être, soit une dame d'honneur de la reine, ou, je le croirais plutôt, une dame de la duchesse d'Aoste; elle avait, dans les plus beaux cheveux noirs du monde, la plus belle guirlande en brillants qu'il soit possible d'imaginer. Ce n'était pas un diadème mais une couronne composee de roses, de lys, de jasmins, de marguerites, montés de la plus admirable façon; au cou un collier de brillants splendides, un collier de reine, une robe blanche très-simple, une physionomie charmante. Mme d'Osten-Saken et cette jeune dame avaient, sans contredit, les plus beaux diamants du bal.

A 1 heure du matin, le roi et la famille royale se sont retirés et le monde officiel en a fait autant, presque aussitôt.

Quant au Carrousel, qui devait être un spectacle

gratuit, il avait été transformé en spectacle payant. Cette mesure était excellente, car la somme recueillie appartenait aux pauvres.

Autant le cirque de Turin, par sa masse imposante, son aspect monumental, sa forme circulaire, son double étage, sa magnifique structure, son splendide velarium, son ornementation sobre et grandiose, le nombre et la facilité de ses issues m'avait frappé d'admiration; autant le cirque de Florence, par son ensemble mesquin, avec ses deux tribunes parallèles, pareilles aux galeries d'hippodrome et réunies par des tribunes circulaires dont la juxta-position décrivait ainsi une ellipse démesurément allongée, autant, dis-je, cette succession de boutiques foraines aux couleurs criardes, interrompue seulement par la loge royale, d'un côté, et de l'autre par la porte d'entrée des joûteurs, me fit une impression désagréable.

A quatre heures et demie, le roi fit son entrée dans sa loge; la famille royale fut saluée par une immense acclamation, et les exercices commencèrent.

A l'aspect des quatre quadrilles, entrant dans le cirque à la suite du prince Amédée, et venant s'arrêter avec un ensemble parfait, devant le roi, une triple salve d'applaudissements formidables retentit et se prolongea sous la voûte des allées ombreuses des Cascines.

Le prince Amédée étant, comme à Turin, le chef du Carrousel, avait à faire manœuvrer quatre quadrilles : l'un Toscan, l'autre Lombardo-Vénitien, le troisième Napolitain et le quatrième Piémontais.

Le prince portait un costume de la fin du treizième siècle, ou plutôt du commencement du quatorzième. Ce costume se composait d'un justaucorps de brocart d'or avec un par-dessus en velours vert, d'une adorable nuance, à manches larges, doublé d'hermine, et d'un berret en velours vert, à pointe, comme celle que l'on voit aux coiffures qu'affectionnait Louis XI, d'un maillot de soie gris-perle et de bottes en cuir jaune ; le jeune prince portait au cou un magnifique collier de diamants, le collier de l'Annonciade.

Ce costume, ainsi que celui de tous les joûteurs, avait été dessiné et exécuté par un Français, habitant Naples, M. Plassenel, qui a prouvé, dans cette circonstance, qu'il est un artiste de premier ordre.

La suite du prince était formée du comte Michelozzi, justaucorps de brocart d'or avec par-dessus de velours blanc ; du comte Morra di Lauriana, velours cramoisi et gris-perle ; du comte Arese, velours noir et jaune, et du comte Castiglione, velours noir et violet.

Le quadrille florentin était commandé par le colonel Laugier, ayant à ses côtés le porte-bannière comte Lamporecchi.

Le costume des joûteurs florentins était un costume du quinzième siècle ; il se composait d'un justaucorps, d'un par-dessus et d'un maillot. Les couleurs n'étaient pas uniformes : les uns avaient le justaucorps rouge, garni de peau blanche, pardessus brocart d'or et berret rouge; les autres, le justaucorps vert, par-dessus blanc et berret doré.

Le colonel Mario commandait le quadrille lombard-vénitien ; le porte-bannière était le comte de Sartirana. Le costume de ce quadrille était du quatorzième siècle et se composait d'un justaucorps en velours noir à manches bleues bordées de rouge et d'or, ou d'un justaucorps blanc à manches rouges bordées d'or, avec berret noir. Comme le quadrille toscan, le quadrille lombard-vénitien était divisé en deux escadrons aux couleurs différentes.

Le quadrille piémontais avait pour chef le comte Murazzani et pour porte-bannière le comte de la Trinité.

Le costume de ce quadrille était le plus caractéristique et le plus intéressant. Le quadrille était aussi divisé en deux escadrons. L'un d'eux portait une espèce de jaquette en velours bleu, avec capuchon en soie blanche retombant sur les reins. Chacun des cavaliers avait une perruque, ce qui leur donnait l'aspect des chevaliers du treizième siècle ; l'autre escadron portait la même jaquette en velours cramoisi avec capuchon de même forme et de même couleur que celle du premier.

C'était le prince de Moliterno qui commandait, avec une grande maestria, le quadrille napolitain ; il est impossible d'avoir un meilleur air et une tenue plus correcte. Le baron Baracco en était le porte-bannière. Le costume choisi était aussi un costume du treizième siècle : justaucorps noir ou gris garni de peau de martre, serré à la ceinture par une chaîne d'or, berret rouge surmonté d'une plume blanche.

Je vous fais grâce des exercices qui ont été exécutés. Les cavaliers les plus expérimentés étaient évidemment les Milanais ; les mieux montés étaient les Napolitains, et les plus précis dans leurs manœuvres les Piémontais.

Les exercices et les évolutions ont soulevé, à diverses reprises, les applaudissements de la foule, et c'était justice, car le spectacle en était véritablement aussi magnifique que saisissant.

A six heures et demie, le Carrousel était terminé.

Le bal donné par le Municipe, aux Cascines, a dépassé en splendeur et en bonne organisation tout ce qu'on espérait. Il est impossible de voir une fête plus réussie, mieux ordonnée ; le spectacle de la place toute illuminée était féerique ; les appartements, d'une grande élégance, les tentures improvisées, drapées avec un goût exquis ; bref, la fête des Cascines dépassait les promesses du programme. La princesse Marguerite paraissait un peu fatiguée, et cela se comprend. Elle avait une ravissante toilette de tulle blanc parsemée de myosotis et de boutons de rose. La reine de Portugal et la duchesse de Gênes étaient également en blanc avec des bandeaux de diamants. Une des plus élégantes toilettes était celle de la comtesse Pavese, femme du sénateur de ce nom : en taffetas bleu, recouvert d'une dentelle magnifique, admirablement disposée. Une jeune fille, une Vénitienne, attirait aussi tous les regards par sa beauté fraîche, régulière, juvénile et sympathique, Mlle Hirschel de Minerbi, dont le frère, attaché à la légation d'Italie à Paris, y a conquis si rapidement sa réputation d'homme à la mode et sa célébrité de musicien, — puis la jolie Mme de la Ville, dame d'honneur de la princesse Marguerite, en blanc et rose ; — Mme Rattazzi en drapeau italien avec un bandeau de soleils en brillants ; la duchesse de Sant'Arpino, non moins remarquable par son grand air que par les magnifiques diamants semés à profusion sur sa toilette.

Quant à la fête donnée dans le bois, elle n'était pas au-dessous de celle à laquelle assistait la famille royale dans le palais. Tout le monde connaît les Cascines, ces Champs-Elysées de la nouvelle capitale. Tout Florence va s'y promener, y faire au moins un tour tous les jours, sans jamais s'en lasser. Pas un touriste qui ne les ait parcourues en tous sens, qui n'ait visité leurs bosquets, qui ne se soit reposé sous leurs verts ombrages ou sur la rive fleurie qui borde l'Arno murmurant. J'ai vu bien des capitales et bien des grandes villes, je garde le souvenir du Lido de Venise, du Prater de Vienne, du Prado de Madrid, du Parc de Bruxelles et surtout des Champs-Elysées de Paris ; j'y ai assisté aux fêtes les plus solennelles et les plus splendides ; je les ai vus éclairés, illuminés, resplendissants de clartés magiques, envahis par la foule joyeuse et bruyante, et, cependant, je déclare en conscience que jamais je ne leur ai trouvé un aspect aussi pittoresque, aussi saisissant que celui que les Cascines présentaient pendant cette *Nuit de feu*.

Le gaz est encore une chose de luxe à Florence ; les usines en fournissent suffisamment pour la ville, mais rien de plus. C'est vous dire que les

Cascines étaient exclusivement illuminées à l'huile ; mais, pour tenir à l'ancien système, l'effet n'en était pas moins prestigieux. A partir de la place des Zouaves et de la porte del Prato, deux lignes de feux se prolongeaient sur la grande allée et sur la rive du fleuve ; des candélabres espacés de deux ou trois mètres, soutenaient des grappes formées de *fiaschi* lumineux ; dans tous les bosquets, des ifs étincelant, des couronnes de verres de couleurs de trois nuances produisant, par leur contraste, les effets les plus étranges, les plus inattendus ; le pont de fer dessinait ses contours par une illumination variée, et de temps en temps, comme un éclair, s'élançait une bombe fulgurante des hauteurs de Bellosguardo et de San-Vito. L'éclairage de la glacière du palais et du bal populaire était, sans exagération, merveilleux ; la pyramide disparaissait sous les lampions multicolores et les bandeaux les plus fantastiques couraient sur la façade de la demeure royale, ou grimpaient autour des colonnes et des parois de verdure dressés au rond-point. Les arbres eux-mêmes étaient capricieusement illuminés jusqu'à leur cîme, et les étoiles colorées de l'éclairage s'étaient installées jusqu'aux dernières branches, comme des nids d'oiseaux.

Autour du kiosque, où toute la nuit une excellente musique militaire a joué des quadrilles, des polkas et des valses, la population s'est joyeusement agitée avec le plus grand entrain jusqu'aux premiers rayons du soleil matinal. Mais, si je parle de la population, ne croyez pas que j'entende parler seulement de la classe la plus humble ; les prolétaires, les artisans ne peuplaient pas seuls les Cascines. Dans la foule épaisse, serrée, qui a rempli toute la nuit les allées de ce bois de Boulogne florentin, — à ce point qu'on y circulait aussi difficilement que sur la place de la Concorde, un soir de feu d'artifice, — la bourgeoisie et les gens du monde étaient en grand nombre, et je sais plus d'une noble dame qui a renvoyé ses chevaux pour jouir, à pied, comme une simple mortelle, du spectacle et de la joie publique. Les boutiques en plein vent se succédaient à côté des théâtres, des cafés, des cantines, des *tratorie*; enfin, toute la nuit, on a dansé, mangé, bu, et chanté en l'honneur de la princesse Marguerite : Florence, le lendemain, se réveillait difficilement.

Un détail, qu'il ne faut pas oublier, ce sont les feux de bengale qui ont salué, en même temps que les vivats unanimes, l'arrivée de la princesse. Depuis les portes, et au fur et à mesure qu'elle avançait, ils ont été allumés d'arbre en arbre, de sorte qu'elle n'est arrivée au bal qu'à travers un éblouissement et un feu de joie. Cela l'aura sans doute consolée d'avoir vu, aux lumières, la grotesque statue équestre de son beau-père, qu'on ne saurait comparer qu'à l'erreur artistique de Clésinger, qui voulut autrefois exposer dans la cour du Louvre la *pourctraiture* de François Ier et n'offrit au public parisien qu'un sire de **Framboisy** !

LE TOURNOI

De tout temps le peuple italien s'est plu à organiser des joûtes, des tournois et des carrousels. Il n'est pas de ville dont l'histoire, monarchique ou républicaine, ne rappelle des fêtes de ce genre.

Mais Florence, parmi toutes, conserve, dans l'histoire de son passé, le récit des plus grandes solennités. Luca Pulci, Poliziano les ont trouvées dignes de leurs vers. D'ailleurs, les Médicis savaient déjà que la multiplicité des fêtes facilite le jeu gouvernemental, et ils déployaient dans les solennités de ce genre un goût exquis, une splendeur royale et savaient y attirer des artistes éminents et les poëtes les plus célèbres. Aussi, tandis que Florence se préparait à célébrer dignement l'auguste mariage de deux descendants d'une illustre race, un autre prince de cette famille chevaleresque préparait une grande fête militaire qui devait rappeler aux jeunes époux les grandes traditions de leur race.

. Le prince Amédée voulait organiser un tournoi dans lequel tous les membres de la grande famille italienne seraient représentés. Cette idée fut accueillie avec la plus grande faveur et bientôt on vit s'organiser quatre grands quadrilles qui prirent le nom des quatre grandes cités italiennes.

La Municipalité florentine offrit spontanément son concours pour la réalisation de cette idée, convaincue que la plus brillante et en même temps la plus agréable des fêtes, serait celle qui présenterait au peuple un spectacle capable de le retremper et de le rendre digne de la nouvelle position que l'Italie doit occuper parmi les nations.

On n'a pas jugé possible le choix d'un fait historique ; car alors, ce fait eût toujours appartenu à l'histoire particulière d'une province, tandis qu'on cherchait, avant tout, à présenter réunies toutes les familles du nouveau royaume italien.

Aussi, on a trouvé plus convenable de choisir, pour cette solennité, les costumes de la fin du quinzième siècle. Si, à cette époque, ils étaient moins riches et ne brillaient point par le luxe de l'ornementation, au moins ils étaient franchement nationaux, et ne présentaient pas ce mélange des modes étrangères dont l'apparition marque, chez nous, l'occupation étrangère et rappelle les malheurs de notre belle patrie.

—

Chef du Tournoi.

S. A. R. LE PRINCE AMÉDÉE, DUC D'AOSTE.

La suite du Duc était formée de :

Michelozzi Moneta Giacomini, Général, Directeur.
Mora di Lavriano, Chev.; Roberto Lieutenant-Colonel, Aide de camp.
Castiglione, Comte Clemente, Écuyer.
Arese, Comte Achille, Lieutenant, Officier d'Ordonnance.

Quadrille Florentin.

Chef de quadrille : Colonel Enrico Laugier
Porte-Etendard : Allessandro Lamporechi

Aymonio Capitano Carlo
Bacci cav. Maggiore Andronico

Bojani (De) Gio. Battista
Cambray Digny Luogotenente Luigi
Carrega-Bertolini Marc. Francesco
Casati cav. Maggiore Alessandro
Castelli Luogotenente Giovanni
Cecconi Capitano Valdemaro Luigi
Cittadella-Vigodarzere Conte Alessandro
Cittadella Vigodarzere Conte Gino
Corsini Marchese Pier Francesco
Corsini Marchese Andrea
Corsini Marchese Cino
Constantini Luogot. Ferdinando
Della Croce Luogotenente Luigi
Falciola Luogotenente Odoardo
Franchetti Barone Eugenio
Gaddolfi Capitano Antonio
Gentile-Farinola Marc. cav. Paolo
Incontri Marchese Carlo
Leopardo Luogotenente Cesare
Lombardi Capit. Prospero Cesare
Mainoni d'Intignano Cap. Steno
Martin d'Orfengo Cap. C.º Giorgio
Martini Bernardi cav. Francesco
Papafava Conte Alberto
Paterno Duca Mario
Ricchetta Luogotenente Guido
Roncaglia cav. Conte Giulio
Rovere (Della) March. Capitano Giuseppe
Sanminiatelli cav. Ranieri

Sforza-Cesarini Duca Francesco
Volpi Luogotenente Ercole
Volpi Luogotenente Ernesto

Quadrille Milanais.

Directeur : Général Mario Gustavo Adolfo.
Chef : Lieutenant-Colonel Francesco Sertinara
Porte-Etendard : Le Capitaine Marquis Giacomo
  Trivulzio.

Lombardi.

Adda (D') Marchese Emanuele
Bellisomi Marchese Giuseppe
Bogati-Valsecchi Fausto
Boselli Capitano Fabio
Caccia Conte Gaudenzio
Castelbarco Albani Conte Filippo
Colli di Felizzano Conte Corrado
Constabili Marchese Alfonso
Galuzzi Luogotenente Cesare
Imbaldi Angelo
Mainoni Massimiliano
Malfanti Marchese Giuseppe
Manaro Filippo
Menghini Cesare
Miotti-Migliavacca Giuseppe

Rovere (Della) Cap. Cav. Edoardo
Trotti-Bentivoglio Cap. Antonio
Turati Ernesto

Veneti.

Bogatti-Valsecchi Giuseppe
Boselli Maggiore Francesco
Brandolino Conte Annibale
Campans de Brichanteau Marchese Carlo
Conti-Barbarana Conte Alberto
Conti Emilio
Costabili Marchese Luogot. Ercole
Felsina Capitano Marco
Giusti Conte Carlo Felice
Greppi Conte Marco
Marchesi de'Taddei Cap. Malachia
Marchi Luogotenente Augusto
Martini Luogotenente Carlo
Papadopoli Conte Niccolò
Pullè Conte Leopoldo
Ticozzi Giuseppe
Valerio Carlo
Zeno Conte Alessandro

Quadrille Turinois.

Chef de quadrille : Comte Ludovico Marazzani
Porte-Etendard : Comte Carlo Carrù della Trinita.

Allara Maggiore Ernesto
Angelis (De) Luogot. Edoardo
Bertone di Sambuy Conte Ernesto
Bestagno Conte Guido
Bosco Lugotenente Giovanni
Casana Luogotenente Augusto
Celebrini Barone Francesco
Cigala Conte Enrico
Cinzano (Di) Marchese Ludovico
Colli di Felizzano cav. Giuseppe
Crotti di Costigliole Conte Alfonso
Engelfred Capitano Giuseppe
Ferrero Della Marmora Marchese Tommaso
Fontana cav. Augusto
Galetti Luogotenente Arturo
Gerbaix de Sonnaz cav. Giano
Giacomelli Luogotenente Santi
Litta-Modignani cav. Gianfranco
Lunel cav. Lanfranco
Mainoni Capitano Luigi
Mirafiori Conte Vittorio
Mori Luogotenente Valerio
Pasta Luogotenente Giovanni
Ponza di S. Martino Conte Coriolano
Radicati di Marmorito Conte Emerico
Ranuzzi Conte Pietro
Rignon cav. Enrico
Rossi Luogotenente Michele
Rubeo Capitano Teofilo

Sala cav. Ernesto
Salimbene Conte Guglielmo
Scotti-Duglas Conte Emanuele
Sobrero Dalla Costa Cav. Federico
Vignolo Logotenente Agostino
Villanova (Di) Marchese Fernando

Quadrille Napolitain.

Chef de quadrille : Prince de Moliterno
Sous-Chef : Colonel Luigi Goitre
Porte-Etendard : Baron Maurizio Baracco

    Amato Maggiore Cav. Luigi
    Belgioioso cav. Gerardo
    Bossi Tenente Francesco
    Brunetta d'Usseaux cav. Carlo
    Caietani Principe di Piedimonte Onorato
    Caracciolo Castagneto Duca Gaetano
    Curtopassi Giuseppe
    Galdo (Del) Duca Antonio
    Gazzone Luogotenente Giuseppe
    Gesualdo Principe Giuseppe
    Gesualdo Principe (figlio)
    Grisolia Duca Luigi
    Levi Luogotenente Ulderico
    Luchini Luogotenente Pietro
    Macario Sig.
    Mermet Luogotenente Augusto

Nolli Barone Giulio
Radicati di Marmorito cav. Ottobono
Renzis (De) cav. Michele
Riciardi Conte Emmanuele
Rivadebro Marchese Edoardo
Rossi (De) di Stantarosa cav. Teodoro
Ruschi Lorenzo
Sant'Arpino (Duca di) Luigi
Sido (De) cav. Enrico
Sorvillo Sig. Achille
Spinelli Marcello
Stasio (De) cav. Giovanni
Veglio di Castelletto cav. Eugenio
Transo Marchese Pietro
Zanotti Luogotenente Giuseppe.

LES FÊTES DE GÊNES

Les fêtes de Florence n'avaient pas la physionomie des fêtes de Turin ; l'entrée à Gênes ne ressemble en rien à ce que nous avons vu à Turin et à Florence. Gênes, la ville enthousiaste et primesautière, donne à ses manifestations un caractère spécial. Le prince Humbert et la princesse Marguerite avaient jusqu'à présent été accueillis en rois ; on les reçoit ici comme des amis, j'allais dire comme des parents. Turin était fier, Florence se montrait correct et somptueux, Gênes est turbulente et presque tapageuse. Florence avait rangé ses fleurs avec symétrie et ses drapeaux avec méthode ; Gênes agite ses drapeaux et jette ses fleurs. De toutes les fenêtres comme de la rue, les cris, les applaudissements accueillaient les époux royaux.

Busalla, Pontedecimo, Bolsaneto, Rivarolo, Sampierdarena avaient d'ailleurs été les étapes flatteuses de cette entrée solennelle.

A onze heures, on entendait gronder les canons du port, et le train royal entrait sous la gare, où s'étaient rendus le prince Amédée et les autres dignitaires de la maison du roi.

La baronne Podestà et la marquise Lamba-Doria, toutes deux dames du palais, recevaient la princesse. — Au même moment deux cent cinquante jeunes filles, élèves du professeur Franciosi, chantaient l'hymne composée en l'honneur de la princesse Marguerite. Je trouve l'idée heureuse et touchante, et, dans toutes les fêtes de ce genre, je voudrais que le pas et les honneurs fussent pour la génération qui accompagnera le prince héréditaire dans sa vie de roi. Ce n'est pas, en effet, le souverain que l'on acclame, c'est la nouvelle Italie que l'on salue, c'est l'avenir que l'on consacre. A côté du chroniqueur qui compte les bouquets, note les vivats, apprécie les manifestations et mesure l'enthousiasme, il faudrait placer l'observateur chargé de reproduire exactement les cris échappés, l'émotion surprise, les vœux exprimés ; car des fenêtres il ne tombe pas que des fleurs, il vient quelquefois des avertissements et des leçons.

De la gare au palais royal le trajet est assez court et les rues ne sont pas toutes très-larges ; la foule, bariolée, compacte, ne pouvait que difficilement se mouvoir pour faire place au cortége royal. Derrière la voiture des princes, venaient les carrosses de la maison du roi réservés aux ministres de la maison royale, aux généraux de Sonnaz et Cugia, au marquis et à la marquise de Montereno Villamarina.

La manifestation prit tout à coup un grand caractère. Au milieu de la rue Balbi, l'ovation fut enthousiaste : on agitait les bannières, on jetait les fleurs, on acclamait les jeunes époux. Ceux qui se souvenaient de 1859 ne manquaient pas de faire des rapprochements et des comparaisons : elles venaient tout naturellement à l'esprit.

Le roi reçut les jeunes princes au palais, et trois fois il se présenta au balcon entre ses deux enfants. Chaque apparition donnait lieu à une nouvelle explosion de vivats.

*
* *

Les fêtes qu'on a données à Turin et à Florence comme celles qui furent offertes par la ville de Gênes peuvent être suivies de deux manières, donnant chacune des impressions bien différentes. Les unes tracées par l'étiquette des cours, réglées, discutées par les municipalités ont un programme précis, une marche certaine, un développement correct dans leur solennité et dans leur éclat; elles satisfont presque toujours, mais n'étonnent que rarement. La présence des mêmes personnages inspire à peu près partout les mêmes félicitations, et il est rare que sous deux uniformes semblables les discours n'aient pas la ressemblance officielle imposée par les circonstances. Mais la foule et la rue n'obéissent pas plus à ces conventions qu'elles ne se soumettent à un mot d'ordre, et c'est précisément ce qui donne aux choses de la rue et aux manifestations de la foule leur caractère et leur physionomie spéciale. Enfin, la configuration de chaque cité impose certaines conditions dont on ne s'affranchit pas. Voilà pourquoi la foule de Turin et de Florence était à peu près correcte dans ses masses, tandis qu'à Gênes elle est capricieuse comme les rues, remuante comme le golfe, confuse et indisciplinée comme un torrent. Enfin, j'aime mieux surprendre l'expression de l'enthousiasme dans la rue que de chercher à la deviner dans un discours ; ce que les députations disent en trois pages, le public le dit toujours mieux, même en trois mots.

Le grand dîner présidé par le roi réunissait 70 couverts. Du côté du roi (à droite) se trouvaient :

La princesse Marguerite, le prince Amédée, madame la baronne Podestà, femme du syndic, si éminemment gracieuse et distinguée, M. le comte Pinelli, président de la Cour d'appel, le marquis di Negro, gouverneur du palais, le comte Ghilini, sénateur, le baron Podestà, syndic, M. Bertaldi, général commandant la garde nationale, M. Wrigt, contre-amiral, le marquis Rapallo, un aide de camp de service.

A gauche de Sa Majesté :

Madame la duchesse de Gênes, le comte Cantelli, ministre des travaux publics, la comtesse de Malabaila, le marquis Serra, sénateur, le comte Caveri, président du conseil provincial, M. Incisa, général commandant la division, le commandeur Mair, préfet de Gênes, le général de Sonnaz, le chevalier Viry, contre-amiral.

Le prince Humbert faisait face au roi ; à sa droite :

La jolie marquise Lamba Doria, l'amiral Tolosano, dont la popularité est si grande dans la marine, le marquis Gualterio, le marquis Doria, sénateur, le marquis Ricci, qui devait mourir le soir même en rentrant chez lui, frappé d'apoplexie, le chevalier Garavelli, commandant de place, le chevalier Castellengo, premier écuyer de Sa Majesté, le colonel Morra.

A gauche du prince :

La belle et élégante marquise de Montereno, le contre-amiral Ribotty, ministre de la marine, le duc de Satirana, le marquis Balbi, sénateur, le comte Panizzardi, procureur-général près la Cour d'appel, l'avocat Castagnola, le général Cugia, etc.

La représentation de gala au théâtre Carlo-Felice a été l'occasion d'une nouvelle manifestation. Le roi est entré dans la loge ayant à son bras la princesse Marguerite ; le prince Amédée se tenait à sa droite ; à sa gauche se trouvait la duchesse de Gênes. Alors les chanteurs exécutèrent la pièce composée par MM. Enrico Bixio, pour les paroles, et Delerrari pour la musique.

Je ne veux point entreprendre le récit du bal merveilleux donné à la famille royale par le syndic de Gênes, baron Podestà. Je me bornerai donc à quelques mots, car, sinon, il serait impossible de m'arrêter. Il y a des *noms parlants*, comme maîtres de maison hors ligne : ce sont ceux du baron et de la baronne Podestà. A dire vrai, je crois que, pendant les quinze jours qu'ont duré les fêtes, nulle réunion ne s'est élevée à la hauteur de celle offerte à la famille royale par le fastueux syndic de Gênes ; elle restera longtemps dans la mémoire de ceux qui y ont assisté ; toutes les correspondances ont été unanimes sur ce point. Le palais particulier du syndic est situé à côté du palais municipal, Via nuova. Suivant une habitude de grand Seigneur, que plusieurs de nos ministres ont adopté à Florence, il donne ses fêtes chez lui et non à sa demeure officielle. La cour de ce merveilleux palais ressemblait à un décor d'opéra : cascades d'eau vive, nénuphars, grandes plantes marines aux feuilles immenses penchées sur les vasques, convolvulus grimpant jusqu'à la balustrade du jardin lumineux, suspendu au niveau du second étage. A Gênes, les appartements les plus appréciés sont les plus hauts, on est censé mieux jouir de la vue de la mer; dans les hôtels, par exemple, le premier est moins cher que le 3e étage. La façade du palais éclairée par la lune et par l'illumination du jardin, projetant leur double lueur sur les colonnes de marbre, les bas-reliefs en stuc blanc, les médaillons d'albâtre, les plantes de toute sorte, les fleurs rares semées à profusion, tout cela offrait un aspect prestigieux ; la raison chancelait, on se croyait en plein conte des *Mille et une Nuits*. A deux heures, la fête avait atteint son apogée et présentait un spectacle unique au monde ; des centaines de tables dressées sous des berceaux, dans le jardin éclairé comme en plein jour, recevaient les invités qui se groupaient à leur fantaisie par société, par petites coteries, tandis que les personnes royales, au nombre de dix, soupaient dans un salon en haut ; les allées de ces jardins enchantés étaient garnies de nattes ; on ne s'asseyait pas sur des chaises en fer, mais sur de bons fauteuils.

Une musique langoureuse jouait en sourdine, tandis que le service se faisait d'une façon alerte et presque invisible ; on voyait d'immenses feuilles se mouvoir, des platanes et des bananiers changer de place, c'étaient les ombres des serviteurs apportant et desservant un menu digne de Chevet dans ses bons jours ; une douce brise pleine de fraîcheur et d'arôme agitait le feuillage ; elle était si bénigne qu'aucune des femmes, toutes assises à leurs petites tables, ayant leurs amis à côté d'elles, n'avait cru nécessaire de se couvrir les épaules. Ce jardin transformé en buffet, ces clartés le disputant à la lune, ces diamants plus étincelants encore dans le clair obscur de ces allées fantastiques que dans la salle de bal, tout ce fond et tous ces accessoires réunis offraient un aspect saisissant, original, inattendu. Aucune des fêtes données n'a ressemblé à celle-ci. Toute cette prodigalité ne dépassait pas, cependant, les limites d'un goût exquis ; il faut dire aussi que le baron Podestà avait, pour l'aider à réaliser les prodiges que son imagination avait enfantés, la coopération de la plus accomplie et de la plus élégante des maîtresses de maison. Aussi, cette fête a-t-elle eu cela de caractéristique que ce n'était plus seulement un fonctionnaire officiel qui la donnait, mais un artiste et un grand seigneur, poète, sans doute, à ses heures.

LES FÊTES DE VENISE

Chaque jour des fêtes de Venise pourrait se caractériser par un mot, par un nom spécial aux traditions de cette étonnante cité. En aucun lieu on ne saurait organiser comme ici le *fresco*, la *serenata*, la *baccanale*. Pour l'étranger, ces réjouissances ont un indicible attrait; pour le Vénitien, elles marquent toutes les grandes étapes du passé. — A la seule physionomie de la ville nous pourrions d'ailleurs reconnaître une fête nationale ; ce ne sont plus ni les mêmes allures ni les mêmes manifestations. Le tir, les expositions, les bals, les concerts sont brillants, sans doute : la Fenice resplendit de la plus somptueuse illumination ; cependant, tout cela peut être organisé ailleurs, avec un égal succès, si les éléments sont irréprochables ; mais pour avoir un *fresco* il faut le grand canal, les palais, les gondoles, la musique, les nuits tièdes, pleines de scintillements et de parfums.

Ma gondole me fut amenée au moment où la *Galleggiante* de Murano entrait dans le grand canal : ce fut donc cette gracieuse embarcation que je rencontrai tout d'abord. — On avait utilisé pour sa décoration les admirables produits des verreries, qui couraient en guirlandes de couleur et pendaient en grappes étincelantes. Sur les grandes glaces, les rayons se précipitaient en gerbes, en flèches, en étincelles, et l'éclat était tel, que les masses de fleurs semblaient autant de gerbes cristallines.

Les deux *Galleggianti* que la municipalité de Venise avait fait préparer pour les instrumentistes, étaient plus luxueuses, sinon plus originales ; l'or et les étoffes précieuses les garnissaient entièrement, et les tentes mauresques qui recouvraient chacune d'elles, se rehaussaient de dômes illuminés. Ces grandes masses, ornées comme des châsses, glissaient, remorquées par des barques, en jetant à la brise des torrents d'harmonie et des flots de lumière. — La sérénade n'était interrompue que par des cris d'admiration, qui ressemblaient plutôt à des soupirs qu'à des acclamations.

Il y a certainement des sensations qu'on ne peut, tout d'abord, exprimer que par un indéfinissable étonnement. Venise est une des trois villes que la romance n'a pu tuer : les tempéraments les plus froids, les organisations les plus rebelles, les hostilités de parti pris, succombent toujours dans de pareilles conditions.

La halte des gondoles eut lieu en face du palais Foscari, où se tenait la Cour ; c'est là que l'illumination était réellement éblouissante, c'est là que se groupèrent, se pressèrent, s'entassèrent les embarcations, c'est là que les applaudissements et les cris se firent entendre avec le plus de persistance, c'est là qu'était réellement le cœur de la fête. — Le canal reflétait un océan de lumières, l'air emportait les vivats et les chansons. Une symphonie, *Dinorah,* fut écoutée dans un silence qui semblait du recueillement, et la barcarole dédiée à la princesse Marguerite, obtint un succès des plus brillants.

La nuit était délicieuse ; je parvins à quitter l'essaim de gondoles qui m'enveloppaient, et, sans trop heurter les *topos*, les *batellos* qui couvraient le canal, de San-Nicolo à Santa-Marta, je me trouvai en pleine foule : foule alerte, bruyante, tapageuse même, surexcitée par les fêtes, mais pleine d'entrain, pétillante d'esprit, et point trop indocile.

La fête (*baccanale*), organisée au Jardin public, est encore une chose toute vénitienne, qui émerveille le voyageur par l'étrangeté des contrastes : du milieu des eaux, les petites îles de S. Servolo et de S. Lazzaro émergeaient lumineuses, éblouissantes, tandis que, du côté de Ste Élisabeth du Lido, la mer semblait perdue dans un horizon de feu.

On avait disposé, dans le jardin, un pavillon pour les royaux époux, et c'est de ce point que le spectacle était éblouissant. On avait tellement prodigué les verres de couleur, qu'à une certaine distance le jardin disparaissait, enveloppé de cristallisations fantastiques ; la musique sortait de tous les buissons, de tous les arbres ; autour des théâtres en plein air, la foule plus compacte, plus ardente, applaudissait *Gianduia* et *Pantalone*.

Vers dix heures et demie, LL. AA. RR. furent reçues à l'entrée du Jardin. La princesse Marguerite était conduite par le syndic ; le Prince donnait le bras à la comtesse Giustiniani. Puis entrèrent : le général Cugia et la jolie petite comtesse Marcello, le général de Sonnaz et la marquise de Montereno, le sénateur Tecchio et la comtesse Torelli, le marquis Gualterio et la gracieuse Mlle Torelli. Dès que la foule eut aperçu le groupe royal, les applaudissements commencèrent, et cessèrent à peine quand la suite du Prince eut pénétré dans le pavillon. Quatre masques, *Pantalone*, *Brighella* et deux *Arlecchini* se présentèrent aux jeunes mariés, et Pantalone déclama une poésie, au nom du peuple vénitien.

La foule commença à se retirer vers minuit ; lorsque les Princes furent partis, une petite pluie tranquille vint rafraîchir les lagunes.

La présentation des dames vénitiennes eut lieu le lundi avec un grand éclat, au Palais-Royal. La princesse Marguerite avait une charmante robe de taffetas glacé rose, garni de dentelles, avec un manteau de cour pareil. Toutes les dames présentées comptent parmi les plus jolies, les plus élégantes et les plus aimables de la haute société vénitienne, qui possède tant de femmes charmantes à des titres divers. Toutes se sont retirées sous le charme de l'accueil gracieux que leur a fait la princesse.

On sait que de tout temps, les dames de Venise ont eu une réputation bien méritée de beauté, d'esprit et de savoir ; elles sont pour la plupart instruites, lettrées, quelques-unes même savent le grec. En aucune partie de l'Italie, à part de rares exceptions, les femmes ne reçoivent une éducation aussi complète. Elles savent causer, et quelques-unes ont des *salons*, dans un pays où l'on ignore presque ce que comporte l'idée de salon, dans le sens de conversation.

Voici la liste des dames présentées : en tête de toutes, comme elle l'est naturellement par sa grande beauté, sa naissance et ses angéliques vertus, se trouvait la princesse Giovanelli — Contessa Comello née Totto — Contessa Emo Capodilista, née De Orestis — Contessa Emo Capodilista, née Venier — Ida de Hurtado — Contessa Morosini née Constantani — Contessa Prina, née Bonacossi —Contessa Venier, née Morosini — Contessa Marcello — Contessa Elisa Albrizzi —Contessa Augusta Batthyany — Bennati Baylon, Antonietta — Bentivoglio d'Aragona marchesa Elisa, née Contessa Da Mula — Contessa Paolina Bianchini, née Du Bois — Contessa De Breteuil — Principessa Clary Aldringen — Contessa Amélia Dolfin — Baronessa Gerlach — Marchesa Gravina, née marchessa Rudini — Contessa Chiara Grimani, née

Melissino — Contessa Mariana Marini — Contessa Anna Michiel, née Morosini — Contessina Caterina Michiel — Contessa Ghita Papafava dei Carraresi — Marchesa Silvia Pareto Spinolo — Contessa Marina Persico — Marchesina Selvatico Estense — Contessa Marianna di Terego Allighieri — Contessina Anna di Terego Allighieri — Contessa Maria Torelli — Contessina Luigia Torelli — Contessa Agapia Valmarana.

Mais je suspends un instant le récit de ces manifestations, de ces fêtes ; je laisse un peu les belles nuits illuminées et les gondoles de gala pour vous parler de la Société de navigation Adriatico-Orientale. Depuis bien des années la ville de Venise espérait se voir à la tête de cette ligne importante. Le voyage du prince Humbert sera marqué par une date que la population vénitienne n'oubliera plus.

Le dîner d'inauguration a été donné à bord du *Brindisi*. Une singulière et bien heureuse coïncidence, dont toute l'assistance a compris la signification, s'est produite avant le dîner. Le *Cairo*, qui n'était attendu que le lendemain, accostait le *Brindisi* un peu avant six heures.

Bientôt la fanfare royale annonça l'arrivée du Prince, qui était reçu à bord par M. Delahante et par M. Tesio : peu d'instants après, le dîner était servi : quarante convives environ y prirent part.

La circonstance était assez solennelle pour motiver les toasts portés et les manifestations. — C'est le comte Torelli qui a parlé. J'analyse les discours prononcés :

L'éminent préfet de Venise explique le vœu que l'Italie indépendante devienne riche, et il porte un brindisi à la prospérité de la Maison royale.

Le brindisi porté au nom de l'Institut vénitien par M. Nanias, son président, est un toast de savant et de patriote. Il analyse rapidement les conditions de prospérité commerciale, il parle des grandes voies ouvertes aux relations internationales, et félicite la ville de Venise d'avoir résolument pris une décision, dont les résultats intéressent à un si haut point son avenir.

Le prince Humbert se lève alors, et voici les paroles qu'il prononce :

« Venise a été grande par le commerce : je souhaite que, par le commerce, Venise obtienne sa complète résurrection. »

Enfin, le sénateur Tecchio, le fervent Italien, salua en ces termes la visite du prince héréditaire:

« Prince, permettez qu'un vétéran des luttes nationales vous dise cette seule parole : Heureux les princes, quand les peuples célèbrent leurs noces par ces vœux : puissent leurs enfants rappeler, par leur valeur et leur loyauté, la loyauté et la valeur de leurs pères ! «

LE BUSTE DE BENIVIENI.

—

Quelque vaniteux qu'il fut, Benivieni ne devait pas compter sur l'immortalité de son nom. Son recueil de *concetti*, moitié mystique, moitié badin, est bien l'œuvre d'un homme qui a vécu pendant les dernières années du quinzième siècle et les premières années du seizième. Contemporain du Pérugin, ami de Savonarole et compagnon d'André del Sarto, le poëte a su mêler agréablement le mysticisme adouci des derniers jours du moyen-âge aux idées un peu païennes de la Renaissance; croyant par instinct et par éducation, émancipé par ses habitudes, il participe du Tasse, de Pétrarque et de l'Arioste, mais sa forme est médiocre, et n'est pas comparable à celle de ses modèles.

Je n'ai pas l'intention de faire ici la biographie

de Benivieni ; je veux seulement donner quelques détails inédits qui peuvent être de nature à jeter quelque lumière sur le point obscur qui faisait naguère le sujet de toutes les conversations et discussions artistiques.

Le buste de Benivieni placé dans les salles du Louvre est-il ancien, est-il moderne ? Là est la question.

J'apporte à la discussion les éléments que j'ai pu recueillir, peut-être pourront-ils guider les chercheurs obstinés.

Un Français, M. X...., riche et connu par son goût pour les arts, était, il y a quelque temps, de passage à Florence : un de ses amis lui conseilla d'acheter un buste remarquable par son élégance, sa finesse et son modèle ; ce chef-d'œuvre représentant Savonarole était attribué à un artiste célèbre. M. X.... prit conseil d'un antiquaire florentin.

— Achetez le buste, dit ce dernier, car il est très-bien réussi, mais je vous préviens qu'il est moderne ; j'en connais l'auteur ; depuis plusieurs années il inonde l'Europe de ses imitations.

Grande fut la stupéfaction de M. X.... en apprenant qu'il existait à Florence un artiste capable de faire des chefs-d'œuvre et tout à fait inconnu.

Sur ces entrefaites, il lut dans la *Revue des beaux-arts* que l'on avait placé dans la galerie du Louvre un buste merveilleux de Benivieni, buste acheté à la vente de M. Nolivos.

Un soupçon étrange lui traversa l'esprit ; il pria l'antiquaire, dont j'ai parlé plus haut, de lui présenter l'auteur du buste de Savonarole.

La présentation eut lieu ; M. X.... se trouva face à face avec un ouvrier, M. Bastianini.

— C'est bien vous, lui dit M. X.... qui avez fait le buste mis en vente par M. Freppa?

— Sans doute, répondit l'ouvrier.

— Est-ce vous aussi qui avez fait le buste de Benivieni?

— Certainement !

— Pouvez-vous me donner la preuve de ce que vous avancez ?

— Sans difficulté, cependant....

— Que voulez-vous dire par cette restriction ?

— Je veux dire que si je livre le secret, je perds mon gagne-pain.

— Ainsi vous préférez servir d'instrument à une spéculation que je ne qualifierai pas, plutôt que de travailler au grand jour, sous votre nom, abrité par votre incontestable talent ?

— Je réfléchirai.

M. X.... ne put rien obtenir de plus à cette première entrevue. Cependant il crut de son devoir d'avertir M. Galichon, directeur de la *Revue des beaux-arts*, que le buste cité dans son journal pourrait bien être apocryphe.

M. Galichon répondit que l'assertion lui paraissait étrange, qu'il était bien difficile de distinguer un buste en terre cuite de telle ou telle époque, mais que, de l'avis des hommes les plus compétents, le chef-d'œuvre était certainement du seizième siècle; il ajoutait que, pour que l'on prêtât quelque foi aux affirmations de M. Bastianini, il fallait d'abord obtenir une preuve testimoniale des personnes ayant connu le modèle et vu travailler l'auteur; il fallait, en outre, avoir une déclaration du marchand qui avait acheté l'ouvrage.

M. X.... vit de nouveau M. Bastianini. Ce dernier était ébranlé; cependant il ne cédait pas encore aux sollicitations de M. X...; il voulait qu'on lui assurât sa vie durant une rente de mille francs par an. M. X.... n'eut pas de difficultés à démontrer à Bastianini que s'il était prouvé qu'il était l'auteur d'un pareil chef-d'œuvre sa fortune était faite : puis il lui parla des preuves exigées par M. Galichon.

Quelques jours se passèrent et M. Bastianini revint trouver M. X...; il apportait avec lui toutes les déclarations demandées, y compris la déclaration de M. Freppa lui-même.

M. Freppa disait très-nettement qu'il avait vendu

le buste à M. de Nolivos, moyennant la somme de neuf cents francs, sans lui affirmer que l'œuvre était du seizième siècle. En présence de cette déclaration, d'une incontestable gravité, n'est-on pas en droit de croire que Bastianini est réellement l'auteur de ce chef-d'œuvre?

Un sculpteur, M. Lequesne, démontra dans une longue lettre, publiée dans la *Patrie*, que le buste en question était authentique et qu'il ne pouvait être moderne; M. Bastianini n'avait, ce nous semble, qu'un seul parti à prendre, c'était d'en faire un second, à moins que, suivant l'exemple de Michel-Ange, il n'eût caché dans l'intérieur du buste un signe révélateur dont l'apparition réduisit au silence les incrédules ou les sceptiques.

Voici une pièce, une lettre qui donne encore plus de piquant à cette aventure et mérite d'être reproduite. Elle est adressée à M. le directeur du journal la *Patrie*, par *Giovanni Bastianini*.

« Florence, le 26 février 1865.

« A Monsieur le directeur en chef de la *Patrie*.

« Monsieur,

« Je vous serai fort obligé de vouloir bien publier ma réponse à la lettre de M. E. Lequesne, qui a paru dans votre numéro du 11 février.

« Recevez, Monsieur, mes remerciments d'avance.

« Monsieur,

« Je vous remercie de vouloir bien me prouver ce dont ma modestie doute un peu, à savoir que j'ai fait un chef-d'œuvre, et de me condamner à rester à perpétuité au Panthéon du Louvre avec les dieux de la sculpture. J'aurais bien mauvaise grâce à ne pas vous savoir gré de la forme ingénieuse de votre louange, déguisée en critique.

« Ceci posé, quant au sentiment qui m'anime à votre égard, permettez-moi, Monsieur, de vous éclairer sur le fait de la paternité du Benivieni.

« D'abord, et en principe, croyez-vous à l'impossibilité d'imiter si parfaitement le style d'une époque ou d'un maître, que les plus experts en matière d'art puissent s'y tromper? L'histoire est là pour répondre. Condivi et Vasari racontent que l'*Amorino*, sculpté à Florence par Michel-Ange, fut acheté à Rome comme une œuvre grecque par le cardinal Saint-Georges, lequel était un fin connaisseur. Mignard, dont vous ne refusez pas probablement l'autorité en sa qualité de compatriote, fit acheter par Monsieur, frère de Louis XIV, un prétendu tableau de Guido, qui avait été fait par Boulongne, dont c'était la spécialité. David Teniers a fait des Rubens et des Bassano qu'on a prit pour des originaux. Luca Giordano a inondé les galeries d'Europe de ses pastiches. Enfin, on ne sait pas bien encore, à l'heure qu'il est, lequel est l'original du Léon X *degli Uffizi*, et de celui du musée de Naples. J'en conclus, et vous en conclûrez certainement avec moi, qu'on peut imiter à s'y tromper le style d'un maître, et encore plus facilement celui d'une époque, et que ce n'est pas faire tort à M. le directeur des Beaux-arts que de le mettre en compagnie du cardinal Saint-Georges, de Mignard, et de tant d'autres connaisseurs.

« Examinons maintenant la valeur des arguments, par lesquels vous prétendez prouver l'ancienneté du Benivieni.

« Selon vous, le buste aurait été fait par le procédé de l'estampage, ce qui se connaîtrait aux quatre indices suivants :

« 1° On aperçoit sur les deux épaules et aboutissant derrière le cou, la raie formée par les pièces du moule ;

« 2° On reconnaît dans les cheveux la partie graissée pour donner de la dépouille ;

« 3° Dans une mêche, placée au côté gauche, la terre a été mal liée, un petit morceau est tombé, et sur la partie qui reste, on voit encore imprimées les raies de la peau du doigt qui a poussé la terre;

« 4° Dans l'intérieur, il suffit d'un coup d'œil pour reconnaître le procédé de l'estampage.

« J'en suis fâché pour votre infaillibilité, Monsieur, mais le buste de Benivieni a été modelé et non estampé. Après la cuite, j'ai moulé le masque pour avoir un souvenir de mon œuvre. Ce masque est encore dans mon atelier et je le tiens à votre disposition s'il vous plait d'y venir le voir. Telle est l'explication pratique de la raie et des parties graissées pour donner de la dépouille.

« En quoi donc l'empreinte des doigts prouve-t-elle l'estampage, Monsieur? Si l'on estampe en poussant la terre avec des doigts, est-ce qu'on ne modèle pas aussi avec les doigts ?

« Le quatrième indice n'est pas plus significatif,

et je suis étonné qu'il soit mis en avant par un homme de l'art. Vous ne pouvez pas ignorer que dans le cas de modelage, comme dans celui de l'estampage, l'intérieur se fait également avec les doigts et avec le polissoir *(stecco).*

« Donc vos preuves se retournent contre vous. J'ai mis à part la preuve tirée de la qualité de la terre, parce qu'elle va me servir à démontrer matériellement la légèreté de vos assertions. Vous dites que la terre du XVIme siècle dont on se servait à Florence n'est pas la même que celle dont on se sert aujourd'hui. Où avez-vous pris cela? Je tiens à votre disposition un échantillon de la terre plastique dont on se sert ici, et je vous défie de prouver qu'elle diffère en quoi que ce soit, chimiquement et artistiquement, de celle dont est formé le Benivieni.

« Quant à la patine, permettez-moi de ne pas vous en enseigner le procédé, puisque vous paraissez l'ignorer, mais de vous offrir seulement de communiquer la même patine à tous les objets de terre cuite que vous voudrez bien me confier. Je ne puis croire que vous en soyez encore en France à la fumée de tabac, et vous avez fait sourire malicieusement tous nos marchands d'antiquités.

« Je vous serai fort obligé, Monsieur, de lire les documents qui ont été publiés par la *Gazette des beaux-arts* préalablement à toute polémique, ou mieux encore de prier M. E. Galichon de vous prêter les copies légalisées de ces pièces. Vous y trouverez un acte de décès de l'ouvrier Bonajuti. On ne l'a donc pas vu, ces jours-ci, se promener au soleil du *Lung'Arno* et il n'est pas mort précisément quand l'administration française a fait demander sa photographie. Il faut être exact, Monsieur, même dans les détails : cela implique l'exactitude générale, aux yeux des gens qui jugent de la valeur de la critique d'après ses procédés. Que voulez-vous, Monsieur? Bonajuti n'était pas immortel, comme vous et moi, Monsieur ; vous, parce que vous êtes probablement de l'Académie ou de l'Institut ; moi, puisque vous me maintenez de force au Louvre. Bonajuti est mort sans ma permission. Les ouvriers de la manufacture des Tabacs, ses amis, qui ont vu le buste du Benivieni et qui peuvent encore en voir le masque dans mon atelier, déclarent que c'est son portrait. Il est vrai que vous avez la ressource de dire que c'est un hasard, et que Bonajuti pourrait bien descendre en ligne collatérale sans doute de Benivieni. Vous ajoutez que je puis avoir fait un buste de Benivieni, mais qu'à coup sûr ce n'est pas celui qui est à Paris. Prenez garde ! le mien a été certainement vendu à M. de Nolivos par M. Freppa. M. de Nolivos aurait donc supprimé le mien et mis sur le compte de M. Freppa un autre buste, qu'il aurait acheté, je ne sais où et de ne je sais qui. Mais pourquoi alors n'en aurait-il pas indiqué la véritable origine? Pourquoi l'attribuer à M. Freppa? En vérité, plus vous compliquez, plus vous prouvez en faveur de l'identité de mon buste avec celui du Louvre.

« Heureusement pour moi, Monsieur, nous allons être d'accord sur un point : « Ce que votre main a fait hier, dites-vous, elle le fera demain. » Cette fois-ci vous parlez d'or ; seulement il faut que vous sachiez que le Benivieni n'est pas le seul de la famille, assez nombreuse, dont je suis le père. Après le Benivieni j'ai fait le Savonarole, qui a été payé dix mille francs et reconnu mon œuvre, la *Chanteuse florentine*, que M. Burty dans son livre *Chefs-d'œuvre des arts industriels*, proclame l'œuvre d'un *Artiste de génie*, et que MM. Gaetano Bianchi et le sculpteur Raphaël Cavalenzi m'ont vu modeler. Je pourrais vous en citer bien d'autres, mais je suis tout disposé à ne pas m'en tenir au passé. Je déclare que je n'ai jamais reçu de l'administration française l'offre dont vous parlez. Si elle veut bien me la faire, je l'accepte. Je l'accepte même de vous, Monsieur, sous la double condition du dépôt de la somme et d'un jury indépendant ; je ne suis pas encore assez riche pour refuser une commande de 15,000 francs.

« En attendant l'honneur de vos communications à ce sujet, je vous prie de me croire, Monsieur et illustre confrère,

« Votre reconnaissant et modeste confrère

Giovanni Bastianini.

LES ÉGLISES DE FLORENCE.

—

Florence n'est pas seulement la ville des fleurs, c'est aussi la ville des Eglises. Non que je veuille dire que, sous ce rapport, elle soit sans rivale au monde. D'autres cités sont aussi riches qu'elle en temples chrétiens et quelques-unes sont fières de basiliques qu'on ne saurait chercher ailleurs. Sans parler de Rome et de St-Pierre, de tous les monuments religieux de la métropole de l'univers catholique, Anvers, Amiens, Rouen, Paris et Strasbourg s'enorgueillisent à bon droit de leurs cathédrales. Bruxelles a Ste-Gudule, et le dôme de Milan est unique au monde, comme St-Marc de Venise ; mais je ne sache pas qu'il existe une capitale, une ville qui réunisse autant d'églises originales, artistiques, dont chacune pourrait passer pour un musée, si l'expression n'appartenait point au langage profane. Chaque église de Florence a son histoire et son cachet propre, et si leurs grandes nefs ne sont pas toujours envahies par les fidèles indigènes, elles sont presque toujours remplies de visiteurs étrangers, de touristes et de curieux qui les interrogent, les étudient et les admirent. L'art est éternel et fera toujours des prosélytes ; c'est une nouvelle victoire qu'il remporte, lorsque son culte ramène à la foi ses adeptes et ses fervents ; malheureusement, c'est plutôt l'exception que la règle, surtout à Florence. Il faut être franc et, sans aucune idée critique, convenir d'abord que les nombreuses églises de Florence parlent plutôt aux yeux qu'à l'âme ; elles invitent à l'admiration plutôt qu'au recueillement, moins à la prière qu'à l'étude. Si l'on peut essayer un rapprochement, il me semble qu'il y a, entre ces sanctuaires et bien d'autres que j'ai visités ailleurs, la même différence qu'entre Notre-Dame-de-Lorette à Paris et St-Séverin et St-Laurent. Chaque chose a son temps, chaque religion ses temples, et la maison de Dieu doit, avant tout, à mon avis, être austère, imposante et grave. Mais cela est une impression générale que je formule en passant. J'en reviens à dire qu'on trouve à Florence la plus merveilleuse réunion d'églises qu'il soit possible de visiter. Il n'est donc pas sans intérêt de les parcourir successivement, d'essayer de les décrire dans l'ordre où nous les avons vues et d'exprimer, sous toute réserve, notre opinion à leur endroit.

A tout seigneur, honneur ! Commençons par le Dôme, cathédrale de Florence, sous la gracieuse invocation de Ste-Marie de la Fleur. C'est un édifice grandiose, d'aspect original, étrange même, qui inspire l'étonnement au premier coup d'œil. L'extérieur est revêtu de marbres de différentes couleurs qui ont l'allure d'une bizarre mosaïque, mais, la première surprise passée, on se prend à admirer l'ensemble et les détails et l'on n'est pas surpris en apprenant qu'il a fallu deux siècles et la vie toute entière des plus illustres artistes pour le construire; encore la façade reste-t-elle à l'état de projet. Heureusement l'édilité florentine est trop intelligente pour ne pas mettre, un de ces jours, à exécution l'un des plans proposés pour compléter ce monument, l'honneur de la cité. Mais, par la même occasion, elle fera bien de suivre l'exemple de la ville de Paris, et de faire à l'entour quelques démolitions, car les dégagements sont loin d'être suffisants; ce qu'on appelle la place du Dôme (encore n'existe-t-elle que d'un seul côté) n'est qu'une large rue, et le géant de marbre semble étouffer dans cet espace restreint. Si l'origine de

Notre-Dame de Paris se perd dans la nuit des temps, on sait du moins à quelle époque remonte exactement la pose de la première pierre de Ste-Marie de la Fleur. C'est en 1294 que les Florentins, jaloux des splendeurs religieuses des autres villes italiennes, décidèrent la construction d'une église qui surpasserait, en beauté et en grandeur, tous les autres monuments de ce genre. Ils chargèrent de cette mission Arnolfo di Cambio da Bolle, plus connu sous le nom d'Arnolfo di Lapo. L'emplacement de l'ancienne église de S. Reparata fut choisi et, au bout de quatre ans, les plans faits, discutés et approuvés, furent mis en œuvre. A partir de l'année 1298, les travaux se continuèrent sans interruption pendant seize ans. Mais les discordes politiques, et, parfois, le manque d'argent les suspendirent fréquemment. Ce ne fut qu'en 1332 qu'ils furent sérieusement repris sous l'habile direction du Giotto, qui eut pour successeurs et continuateurs Jaddeo Gaddi, Andrea Orcagna, Sordi Filippo et enfin Filippo Brunelleschi à qui revient l'honneur de la grande coupole. C'est au premier de ces immortels artistes qu'est attribuée la première façade, qu'on eut le vandalisme de détruire en 1586, sous l'ingénieux prétexte que le style n'était pas assez moderne et contrastait avec le reste du monument. La pioche ne respecta rien, sculptures, colonnes, ni bas-reliefs ; deux statues seules furent épargnées ; c'était, cependant, un œuvre d'un rare mérite et d'une conception remarquable, au dire des publicistes de l'époque, et autant qu'on peut en juger par trois tableaux existant encore à Florence et qui peuvent en donner une idée. Le premier se trouve dans le cloître de Sta-Croce, le second dans le cloître de St-Marc, le troisième est la propriété de l'association des frères de la Miséricorde et fait l'ornement de leur petite chapelle. Seulement, comme il est plus aisé de démolir que de réédifier, il fallut quelques années pour prendre une décision. Buontalenti, Bosio, Cigoli et Pisani proposèrent successivement leurs projets et leurs plans, mais pas un ne fut accepté. Bref, les choses en sont restées là, et nos petits neveux auraient été réduits à s'écrier avec Victor Hugo, et une variante :

« Quand donc finira-t-on *le Dôme de Florence* ? »

si, de nos jours, en 1860, le roi d'Italie, Sa Majesté Victor Emmanuel II, n'eut posé la première pierre du nouveau portique ; c'est toujours cela ! Depuis cette époque, peintres, architectes, dessinateurs ont mis à la torture leurs crayons et leurs cerveaux et nul doute que celle des propositions qui obtiendra la préférence, ne soit promptement et rapidement mise en œuvre.

Entrons maintenant dans l'église elle-même. Le vaisseau en est énorme et ne mesure pas moins de 153 mètres en longueur ; la nef principale est large de 16 à 17 mètres, les galeries latérales de 7 mètres et demi ; de la croix qui surmonte la coupole aux dalles il y a près de 120 mètres. Malgré la majesté du lieu on se sent tout d'abord saisi d'une émotion de froid et de mélancolie ; il est vrai qu'on passe sans transition d'un soleil torride à une demi-obscurité, le jour ne pénétrant qu'à travers les vitraux de couleur des fenêtres ogivales. Ces vitraux ont une grande valeur artistique : la plupart, dessinés par Ghiberti et Donatello, sont sortis des ateliers de D. Livi et Gambassi. Les tons en sont chauds et éclatants, mais dans une gamme un peu foncée, ce qui fait qu'ils interceptent souvent la lumière au lieu de la transmettre.

Il faudrait de longues pages, si l'on voulait étudier en détail tous les chefs-d'œuvre accumulés dans cette enceinte ; bornons-nous donc à les saluer au passage en faisant le tour de l'église. Voici d'abord un couronnement de la Vierge, travail de mosaïque si réussi par Gaddo Gaddi, qu'à dix pas l'illusion est complète et qu'on jurerait d'une grande peinture de maître. Des deux côtés de la grande porte que surmonte cette composition, des anges de Santi di Jito. Au-dessus des portes latérales, Passignano et Paggi ont peint le Martyre Sta-Reparata et le Concile de Florence. A droite se trouve le monument de Brunelleschi : les traits du maître y ont été reproduits, comme un pieux hommage par son élève Buggiano. Giotto a eu le même honneur, mais son buste, dû à Benedetto de Majano, ne fut ajouté que postérieurement. Vient ensuite le mausolée de Marsilio Sicino dont le buste est l'œuvre d'Andrea Ferrucci. Devant la porte de la vieille sacristie, arrêtons-nous un instant et admirons le groupe en terre cuite qui la couronne : c'est une Ascension d'un modèle parfait, d'un sentiment exquis et qui fait le plus grand honneur à son auteur, Luca della Robbia. L'inspiration en est soutenue et le sentiment religieux s'y trahit dans les plus petits détails : c'est une œuvre magistrale. Des deux côtés de la porte se lisent d'intéressantes et curieuses inscriptions relatives à la construction du Dôme, et où j'ai puisé quelques-uns des renseignements que j'ai cités plus haut ; on y trouve aussi des détails sur S. Zenobio, un des premiers prédicateurs de la Toscane. D'ailleurs, cette porte et la sacristie elle-même gardent le prestige d'un souvenir historique : n'est-ce pas dans cet asile, et par cette issue, que se sauva Laurent de Médicis fuyant les poignards des Pazzi. L'abside compte cinq chapelles, celle du milieu est sous l'invocation de S. Zenobio et richement ornée. Le tabernacle est en argent et ciselé par S. Bambri ; les bas-reliefs de la châsse du Saint ont été exécutés par Ghiberti.

Les statues sont signées de noms illustres et S. Mathieu, S. Marc et S. Pierre doivent être fiers de voir leur personnalité humaine ainsi reproduite.

Le chœur, de forme octogone, est tout de marbre, les bas-reliefs en ont été exécutés par Bandinelli et terminés par son élève Giovanni dell' Opera. Les étudier en détail nous demanderait trop de pages, et ce serait d'ailleurs diminuer le plaisir de nos lecteurs qui visiteront Florence, s'ils ne l'ont encore vue. Disons seulement que le crucifiement qui surplombe le maître-autel est le chef-d'œuvre de Benedetto da Majano, et que le dernier ouvrage de Michel-Ange, le groupe de la Piété qu'il destinait à son tombeau, se trouve placé en arrière. Les statues du maître-autel représentant Dieu le père, Jésus-Christ et un ange, sont toutes trois de Bandinelli. Je n'en finirais pas si j'énumérais, l'une après l'autre, toutes les merveilleuses richesses de ce temple chrétien. Or, en disant chrétien, je ne dis pas absolument catholique, car il me semble qu'ici la religion (une fois n'est pas coutume) a fait bien des concessions à l'art. En dehors même des constructeurs et fondateurs de l'Eglise, architectes et sculpteurs dont j'ai déjà parlés, je retrouve dans ce sanctuaire l'image de maints personnages de la République florentine, illustres, sans doute, mais que la sanction ecclésiastique n'a pas canonisés : tels le général Pietro Farnèse et le platonicien Marsilio Jili, Giovenni Acuto, un chevalier anglais, un général pisan et Niccolo de Tolentino; honorable mais singulier voisinage pour Notre-Seigneur et saint Zenobio ! A ces noms profanes, faut-il ajouter celui de Dante Alighieri, dont le portrait se trouve auprès de la porte qui regarde la rue du Servi ? Non, sans doute, car, bien que le père de la poésie italienne soit mort exilé à Ravenne, les Florentins gardent à sa mémoire un culte qui touche au fétichisme, à tel point que sur la place du Dôme, une plaque de marbre blanc, avec cette inscription : *Sasso di Dante,* indique et consacre l'endroit où le vieux Gibelin aimait à venir se reposer. La part faite à cette anomalie, n'oublions pas cependant les bas-reliefs de la porte de la sacristie, le baptistère de marbre de Buggianino, les statues d'évêques et le magistral tableau qui leur font face, les peintures de la chapelle de saint Joseph, attribuées à Lorenze Redi.

J'en passe, et des meilleurs, ne voulant pas faire concurrence aux éternels guides, pour arriver à la coupole. C'est la gloire de Brunelleschi. Elancée, hardie, spacieuse, elle rappelle les monuments cyclopéens de l'antique Thèbes et n'a pas de rivale au monde, pas même celle de St-Pierre de Rome ; elle a de plus de ne pas être maintenue par une armature de fer comme celle du Vatican. Quant à la fresque, c'est une des pages les plus magistrales de l'école italienne. Malheureusement aujourd'hui, les tons ont pâli, les teintes se sont effacées, le temps a laissé trace de son passage, et l'œuvre de Vasari laisse un peu trop voir qu'elle a été commencée sous Côme de Médicis. Toutes ces splendeurs artistiques ne parviennent pas, pourtant, à émouvoir le visiteur. En entrant dans ce grand vaisseau glacial, obscur, dont les marbres sont nus, il semble qu'on passe le seuil d'une nécropole. Pas un siège, pas un banc ; à part la lampe du tabernacle, pas une lueur, la sonorité des arceaux n'est éveillée que par les pas du touriste curieux, ou par le bruit indiscret d'un Anglais archéologue qui sonde du doigt la muraille pour voir s'il n'en pourra détacher quelque parcelle au profit de son petit musée. En revanche, chat et chien y circulent en liberté, avec ou sans leur maître.

La scène change, néanmoins quelquefois, et les jours de grande cérémonie, l'autel s'illumine, des cierges sans nombre et d'une prodigieuse grosseur étincellent de toutes parts ; un bataillon d'ecclésiastiques vêtus de pourpre et de dentelles, des assistants, des clercs, des massiers, des chantres, des enfants de chœur, se pressent autour du sanctuaire et font monter jusqu'au faîte de la coupole, les hymnes harmonieux du bréviaire romain, sur des nuages parfumés d'encens. Le prélat, avant de gagner son siège épiscopal, bénit le peuple qu'il a sous sa dextre pastorale et qu'il domine de son regard étincelant. Ces jours-là, l'église est pleine, mais il m'a toujours semblé que le recueillement (peut-être me trompais-je) n'était pas le propre de la foule des fidèles. Sauf au moment de la bénédiction, tout le monde est debout, s'agite, marche, change de place. Entre deux couplets de l'orgue, deux versets de l'office divin, on se rencontre, on s'aborde, on s'informe réciproquement de sa santé du cours de la Bourse, du dernier vote de la Chambre ; j'ai entendu de temps en temps un éclat de rire mal contenu, et je ne serais pas étonnée que la jeunesse florentine n'échangeât d'autres propos que des propos religieux. Pour l'étranger, peu fait aux mœurs italiennes, il y a véritablement là matière à surprise, surtout lorsque l'étranger est une Française raisonnablement pieuse, qui pense de loin aux églises de Paris. La seule chose vraiment touchante et qui m'ait émue, au Dôme, c'est l'énorme quantité de fleurs qui vous attend à la sortie et les pauvres gens qui vous offrent leurs bouquets, en vous promettant leurs prières. Mendicité déguisée ! me dira, à ce propos, certain sceptique de mes amis. Mendicité ! soit ! mais elle a du moins pris un aimable déguisement, et sainte Marie de la Fleur reste la bien nommée.

Je le répète, il n'y a pas, dans les lignes que je viens d'écrire, la moindre intention critique : j'ai dit mon impression, voilà tout. Pour revoir le Dôme avec toute sa majesté, il faut, après l'avoir visité, fermer les yeux et faire une excursion dans le passé. Il faut se figurer Savonarole en chaire, le peuple frémissant sous ses paroles de feu ! les querelles ardentes des Guelfes et des Gibelins dont les temples sacrés ont été plus d'une fois le théâtre ; les Pazzi, poursuivant Laurent de Médicis jusqu'au pied des autels. Mais les temps sont changés et, malgré sa magnificence artistique, le Dôme ne nous paraît plus qu'un souvenir au milieu de notre civilisation moderne.

Ce qu'on appelle à Florence, *il Campanile*, est une tour quadrangulaire élevée sur les dessins de Giotto ; elle a 82 mètres de hauteur et est toute entière de marbre noir, blanc et rouge ; les statues qui la décorent sont signées Donatello, Nicolo

Aretino, Andrea Pisano et Luca della Robbia, autant de chefs-d'œuvre.

Le baptistère (car il y a une chapelle spéciale pour baptiser les enfants) fait vis-à-vis à la façade projetée de Sainte-Marie de la Fleur. C'est une construction octogonale avec un toit qui singe la coupole. Des détails assez curieux se rattachent à ce petit édifice. On lui attribue d'abord une origine païenne et l'on prétend que, dans le principe, c'était un temple. Les portes de bronze exécutées sur les dessins de Ghiberti, d'Arnolfo et du Giotto, sont de si grandes merveilles que Michel-Ange, lui-même, disait qu'elles étaient dignes d'être les portes du Paradis. A l'extérieur, le groupe de Rustici qui domine l'entrée principale, et les deux colonnes de porphyre, hommage des Pisans aux Florentins, attirent tous les regards ; à l'intérieur, seize colonnes de granit soutiennent la galerie et les intervalles sont remplis par les statues des Apôtres ; enfin le pavé est de mosaïque ancienne, et, dans une de ses parties, représente le soleil avec les signes du zodiaque.

Mais c'est trop insister sur notre première station ; suivons l'axiôme de Boileau ; passons du grave au doux, du plaisant au sévère. En d'autres termes, allons du Dôme à St-Annunziata, de Notre-Dame à St-Thomas d'Aquin.

Nous passons de l'atrium d'une maison pompéienne au boudoir d'une élégante du XIX° siècle. L'Eglise de l'Annunciata (je devrais dire la chapelle) confine la place qui porte le même nom. On y accède par un vestibule dont les parois sont couvertes de fresques ; l'église est petite, mais d'un luxe et d'une richesse éblouissants. Au rebours du Dôme, le jour et le soleil y pénètrent à flots. Tout y est vivant, coquet, lumineux. Cet éclat n'exclut pas, cependant, le recueillement, car, à quelque heure qu'on y entre, on y trouve toujours un grand nombre de fidèles, agenouillés sur les marches des autels, où priant sur les vieux bancs de chêne sculpté qui garnissent la nef ; les cierges brûlent à toute heure et des lampes d'or et d'argent éclairent nuit et jour les ex-voto. C'est une sorte de pèlerinage, en grande vénération chez les ecclésiastiques de Florence, séculiers et réguliers. Aussi ne vous étonnez pas de trouver en prière, côte à côte, le gandin et le fashionable, la femme à la mode ou les disciples de S. François ou de S. Dominique. La Santa-Annunziata est du reste l'église de l'aristocratie locale ; elle est placée dans le West-End florentin, et si l'on veut faire d'un seul coup, connaissance avec tout ce que Florence réunit d'élégant et d'aristocratique, il faut se tenir le dimanche près du seuil, à la sortie de la messe d'une heure. C'est un véritable Longchamps hebdomadaire ; les femmes surtout y font assaut de toilette, c'est à qui arborera, la première, les modes nouvelles ! Et à ce propos, je ne saurais m'empêcher de faire une réflexion. Chaque pays a ses mœurs et ses allures, ses costumes, sa physionomie propre, en un mot ; et bien que jusqu'au Japon, le goût et la fantaisie soient à la remorque de la France, j'ai remarqué, du moins dans beaucoup de villes, que le costume garde la trace et le caractère de la mode nationale. A Milan, par exemple, où les dames ne sont ni moins piquantes ni moins coquettes qu'ailleurs, le *mezzaro* donne aux visages une charmante originalité, et je ne cite que ce détail de toilette. Que serait-ce si je parlais de Rome et de Naples, si je prenais pour exemple les Allemandes et les Espagnoles ? A Florence, je ne vois rien de particulier ni de local ; la mode parisienne règne tyranniquement sur toutes les classes de la société féminine ; seulement, je me demande et je demande à quel monde ou plutôt à quelle partie du monde, les belles dames ont emprunté leur manière de se coiffer et de s'habiller. J'ai rencontré dernièrement deux belles jeunes filles avec leur mère, appartenant à la crème de l'aristocratie florentine, la fleur des pois, le dessus du panier, comme on dit, qu'on eut prises à Paris pour toutes autres qu'elles ne sont, avec leurs tuniques, leurs chignons et leurs allures évaporées... *sed paulo majora canamus.* Je reviens à la Sta-Annunziata ; c'est un monument dont il faut parler avec un peu de détails. L'église tire son nom d'une grande fresque de l'Annonciation peinte par un certain Bartolommeo à propos duquel on raconte une merveilleuse légende.

L'artiste était fort embarrassé pour donner au visage de la Sainte-Vierge, l'expression qu'il rêvait. Vingt fois il avait esquissé des cartons qui n'avaient pu le satisfaire. Un soir que son crayon avait été plus rebelle encore qu'à l'ordinaire, épuisé de fatigue et de travail, il s'endormit d'un lourd sommeil. Des songes célestes bercèrent son repos. Il vit dans toute sa gloire la Vierge Marie, plus belle, plus immaculée qu'il n'avait osé espérer pouvoir la reproduire, puis il se réveilla. O miracle ! Le rêve avait pris un corps et la Sainte-Vierge, telle qu'il l'avait entrevue dans son sommeil, était fixée sur le vélin. Cette étonnante aventure popularisa Bartolommeo. A-t-il été canonisé ? Je ne saurais le dire. Y a-t-il bien eu miracle ? Je l'affirmerais encore moins !... Mais, malgré moi, je me souviens de la jésuitique doctrine du R. P. Sanchez. *L'excessivité de l'appétence finit par produire la réalité.*

Des deux côtés du vestibule ouvert qui conduit

à l'église, se prolongent deux corridors qui menaient jadis au cloître, et dont les parois sont couvertes de merveilleuses fresques. On s'arrête avec intérêt devant la Nativité de Baldovinetti, une grande page d'un coloris très-heureux et d'une grande naïveté d'expression ; une vision de saint Filippo Benizzi, qui décida de la vocation de ce bienheureux : le Vice puni et la Vertu récompensée. C'est du moins ainsi que doit s'appeler le tableau où le même saint est consulté sur la route par deux jeunes gens. La terre s'ouvre, la foudre éclate, tombe sur l'arbre qui abrite les mauvais plaisants. Gardons-nous de sourire cependant, cette peinture est signée d'André del Sarto, comme celle qui représente toujours le même saint délivrant de l'esprit malin une jeune possédée ; on en remarque aussi une autre où le même saint Philippe ôte sa chemise et la déchire en deux pour en donner la moitié à un lépreux. St. Martin, lui, ne partageait que son manteau, mais, en Italie, il fait si chaud... Le grand peintre, du reste, dont la palette a des gammes si variées, semble n'avoir eu qu'une inspiration, San Filippo... ; ici des moines présentent au peuple recueilli, ses habits comme des reliques ; là, un enfant mort revient à la vie au seul contact de son linceul ; j'en laisse et des plus remarquables, car après avoir passé près du buste d'André del Sarto, il faut entrer dans l'église. L'Annonciade est une véritable bonbonnière, elle est petite mais la richesse et le luxe en sont exagérés.

Ce ne sont que festons, ce ne sont qu'astragales ! La chapelle, proprement dite, se trouve à gauche en entrant ; elle est surchargée d'ex-voto précieux ; en dehors de la miraculeuse peinture, dont j'ai parlé plus haut, on y remarque un autel en argent massif, avec des bas-reliefs artistiquement ciselés ; les deux anges de grandeur naturelle sont aussi en argent : la corniche avec le rideau qui en descend les grands candélabres, la statue de Notre-Seigneur, les lys et les lampes, tout est d'un métal précieux et d'un travail inestimable. Le saint-ciboire entr'autres est une merveille, peut-être unique au monde. Le pavé est de porphyre et de granit égyptien, et la partie des murs que l'on peut encore apercevoir est toute incrustée de jaspe, d'agathe et de pierres précieuses de toutes espèces.

Nous visiterons encore l'église Santa-Croce, très-remarquable aussi par son architecture, les trésors artistiques qu'elle renferme et les souvenirs historiques qu'elle éveille. Située à peu de distance du Dôme elle domine une petite place de forme régulière et célèbre dans les annales florentines par les réunions populaires dont elle fut jadis le théâtre. Aujourd'hui, la bourgeoisie et le peuple viennent encore s'y asseoir mais avec une attitude moins belliqueuse et des allures moins bruyantes qu'autrefois ; il s'agit seulement d'y prendre le frais et d'y causer en famille, c'est la Place-Royale (lisez place des Vosges) de Florence. L'église elle-même est curieuse en ce que, grâce aux nombreuses sépultures qu'elle réunit, elle peut passer pour un aristocratique Campo-Santo. A droite, en entrant, on rencontre d'abord le tombeau de Buonarotti. Bien que ce grand homme soit mort à Rome, la Toscane fut jalouse de posséder sa dépouille mortelle, que le grand-duc fit réclamer et qu'on inhuma solennellement dans l'église de Santa-Croce. Quatre statues et le buste du maître ornent le monument. Le second tombeau est celui de Philippe Buonarotti l'antiquaire, le troisième celui de Pietro Miceli, un botaniste resté célèbre, le quatrième est celui d'Alfieri. Saluons à la fois la mémoire du grand poète et l'immortel sculpteur, auteur de son sarcophage : Canova y a représenté l'Italie en deuil et a entouré le portrait en bas-relief d'Alfieri, d'ornements symboliques admirablement groupés. Quoiqu'à Florence, cette grande œuvre soit peu goûtée, je ne puis la voir et revoir sans admiration ; j'y trouve une originalité particulière et toutes les hardiesses de la grande sculpture. Le tombeau suivant est celui de Machiavel ; c'est bien longtemps après sa mort que l'auteur du *Prince* reçût cette distinction de l'Académie des Lettres. Auprès du monument de Lanzi, orné par Donatello d'une Annonciation en marbre, repose l'Arétin, l'historien, « que pleurent les muses grecques et latines. » Je cite, dans leur ordre, les tombeaux de Nardini, musicien illustre, de Pio Jantoni, de Frésole, du chevalier Vanni de Skotnicki, etc., etc., et j'arrive enfin au monument de Galilée. Ce génie méconnu, auquel les tribulations n'ont pas manqué et dont la mémoire a été si longtemps poursuivie, a cependant été vengé et glorifié par la postérité ; les générations se sont montrées envers lui justes et reconnaissantes. C'est à Viviani, son élève, qu'est dû son monument dans la nef de Santa Croce. C'est Joggini qui a sculpté son buste. Or, tout le monde sait que Galilée fut d'abord enterré hors la terre sainte, sur la place Santa-Croce, on ne lui pardonnait pas ses découvertes et ses idées philosophiques. Aussi, la famille des Nellis, chargée de ses dernières volontés, n'obtint-elle qu'à grand-peine l'autorisation de faire transporter ses os dans l'église, et cela, un siècle après sa mort. La sacristie se recommande aussi par ses fresques attribuées à l'école du Pontouno. Dans les corridors, les murs sont chargés des peintures de fra Angelico, et à l'extrémité, se trouve la chapelle des Médicis, qui réunit l'architecture de Michel-Ange, les bas-reliefs de Luca della Robbia et les peintures des élèves de Giotto. La sacristie, que nous quittons à regret, trop vite, pourrait, à la rigueur, passer pour un musée, tant elle est chargée d'ornements et de tableaux.

Pour visiter l'église du Saint-Esprit, il faut passer l'Arno. Elle occupe une des faces de la place du même nom où se trouve aussi le palais Guadagni, un des plus anciens de Florence, habité aujourd'hui par le comte della Gherardesca et M. Rattazzi; c'est là, au dire des connaisseurs, la plus belle église de Florence. Brunellesco a été son architecte. En entrant, à droite on voit une copie très-réussie de la Piété, de Michel-Ange, dont s'enorgueillit St-Pierre de Rome. Les tableaux sont très-remarquables; j'ai admiré dans le nombre, Jésus chassant les vendeurs du temple, de Stradouro, la lapidation de St-Étienne, par Passignoni; un portrait de la Ste-Vierge, Notre Sauveur et Ste-Catherine, de Filippi Luppi; une copie de Pérugin, Notre-Dame apparaissant à Saint-Bernard; les martyrs, d'Allori, et la femme adultère du même peintre (pauvre M. Signol! me suis-je écriée tout bas); un chef-d'œuvre de Vignati, la

Chiara de Montefalcone recevant la communion des mains de Notre-Seigneur Jésus portant la couronne, de Ghirlandajo ; une transfiguration, de Pietro di Casimo ; le Christ apparaissant à Madeleine, par Angioli Bronzino ; les portraits de la Vierge et de St-Sébastien, par Petrucci, sans parler du tableau d'autel, de la sacristie, des grandes toiles qui avoisinent l'orgue et que je n'ai fait qu'apercevoir. Il faudrait plusieurs journées pour admirer tout cela et beaucoup trop de pages pour rendre compte, même succinctement, de l'impression produite par toutes ces merveilles, d'autant plus que l'architecture et les statues ont voix au chapitre et réclament impérieusement leur part d'éloges, tels que le groupe en marbre de l'archange Raphaël et Tobie ; la statue de Jésus portant sa croix ; les sculptures et bas reliefs de l'autel du St-Sacrement et de la chapelle Maggiore ; les statues de St. Pierre et de St. Jean. Le style général de l'édifice est particulièrement estimé, le toit du vestibule a été taillé dans un seul bloc et le campanile est plein de hardiesse.

L'église de Sainte-Marie-Nouvelle est encore une des gloires religieuses de Florence ; aussi l'avons-nous réservée pour notre dernière station ; mais il est bien convenu que c'est à l'église et non à la pharmacie que nous nous rendons, car l'une et l'autre sont, à des titres divers, également renommées, et la communauté d'appellation conduit souvent l'étranger à de singulières méprises. On raconte, à ce sujet, les plus amusantes anecdotes : l'Anglais allant fourrer son nez dans tous les bénitiers du temple pour en respirer le parfum et demandant de la poudre d'iris au sacristain ; et les blondes ladies, guide en mains, à la recherche du crucifix de Brunellesco, exécuté pour la maîtresse de Donatello (un souvenir un peu mondain pour une église) et repoussant d'un geste offensé avec accompagnement de *shocking !* le desservant de la pharmacie qui leur apporte un flacon d'alkermès. Laissons donc à la bienheureuse officine, liqueurs, essences, médecines et parfums, qui n'ont pas, dit-on, leurs pareils au monde, et visitons la *fiancée* de Michel-Ange, car c'est ainsi que Buonarotti exprimait sa préférence pour Sainte-Marie-Nouvelle. L'édifice remonte à 1256, les plans sont tout entiers des frères du couvent, et il fallût juste cent et un ans pour l'achever. L'extérieur n'a rien de bien remarquable ; mais, à l'intérieur, il faut d'abord signaler la bizarrerie du style. Les arcades latérales vont toujours en diminuant vers le chœur. C'est d'un effet assez singulier ; les ingénieurs ont sans doute voulu faire paraître la nef plus grande par un artifice de perspective : ont-ils réussi ? Les vitraux de couleur des fenêtres, sont, par contre, d'une grande richesse et d'un goût très-remarquable. La grande porte est surmontée d'un crucifix attribué au Giotto, et le chœur est, tout entier, couvert de fresques signées de Michel-Ange. En faire la description serait trop long, je note seulement, qu'au milieu des scènes bibliques qu'elles représentent se montrent, par intervalles, les figures des représentants des nobles familles de Florence, notamment des membres de la famille Tornabuoni. Sur la muraille je copie l'inscription suivante : *Anno 1490, quo pulcherrima civilta opibus victoriis, artibus œdificiisque nobilis, copia salubritate, pace perfruebatur !* Les Florentins de ce temps-là n'y allaient pas de main morte pour se rendre justice, et, comme on le voit, la modestie n'était pas leur péché mignon. C'est dans la première chapelle à droite que se trouve le fameux crucifix de Brunelleschi dont j'ai parlé plus haut. La chapelle des Grandi renferme aussi de belles fresques et un tableau représentant une jeune fille ; les mausolées sont attribués à Michel-Ange : Dans la chapelle des Strozzi, un tableau digne d'attention, — le père éternel faisant cadeau d'un volume à St-Thomas d'Aquin entouré d'autres saints — et le cartouche porte cette inscription : *Anno D. MCCCLVII Andrea Cionis, me fecit.* La sacristie mérite d'être visitée pour les peintures du tabernacle, dues au pinceau du Beato Angelico. La partie qui représente le couronnement de la Sainte Vierge est d'une grâce et d'une suavité inexprimables. Je note aussi le cloître qu'on appelle *Cloître-Vert* à cause de la teinte générale des fresques qui le décorent. D'un côté, je remarque une Passion en trois pages ; de l'autre, les triomphes de l'Église militante ; le Pape et l'empereur se donnant la main (union symbolique ! et, à la porte du paradis, les chiens fidèles (lisez les Dominicains), mettent en fuite les loups ravisseurs qui se sont rués sur le troupeau. Autour des deux grandes figures précitées se trouvent groupés des personnages illustres des deux sexes ; Pétrarque et Laure, Boccace et Fiammetta, Philippe-le-Bel, le Cimabué. Réunion hétérogène et singulière qui ne trouble pas cependant St. Dominique montrant toujours d'un geste énergique à la foule le chemin du Ciel où trône Jésus au milieu des Anges. Les autres fresques, de Taddeo Gaddi, ont bien aussi leur mérite, mais elles sont moins piquantes et je m'abstiens d'en parler.

Des nombreuses églises que je pourrais encore visiter, San Marco, Sta-Maddalena del Pazzi, St-Lorenzo, St-Michele, Santa-Trinita, St-Ambrogio, St-Gaetano, St-Felice, St-Benedetto del Carmino,

Cappella Brancacci, Santa-Marca-Nuova, Santa-Felicita, St-Nicolo, Ognissanti, St-Remigio, Saint-Simone, il en est une où je regrette de n'être point allée faire encore mes dévotions, je parle de Saint-Marco où sont enterrés Ange Politien et Pic de la Mirandole, le « phénix des sciences » et « l'homme sans défauts » au dire de Scaliger, et, sous les voûtes de laquelle il semble toujours qu'on va voir se dresser la grande ombre de Savonarole ; mais le temps presse, les lignes s'accumulent, la promemenade, toute religieuse qu'elle puisse être, n'en a pas moins été longue et, dans l'intérêt même du lecteur, il faut se souvenir du proverbe : « Des meilleures choses, il est bon de ne pas abuser. »

LES VOIES NOUVELLES.

CHEMIN DE FER DU MONT CENIS.

—

Le jour où l'on a inauguré le chemin Fell, une nouvelle villégiature est née, les cascades et les torrents sont passés à l'état de décors, et les glaciers, perdant le prestige de leur inaccessibilité, sont devenus des salles d'attente solidement parquetées. Les mots altitude, danger, précipices ne jettent plus dans l'âme des touristes ce charmant effroi, ces impressions profondes, qu'on retrouvait inscrites sur les feuilles d'un carnet ou gravées en spirale sur les grandes cannes montagnardes.

A mesure que l'audace des ingénieurs s'accroît, les mines où nous puisions nos émotions tendent à s'épuiser et le vertige profond ne se retrouve plus que dans les cauchemars; l'extraordinaire disparaît, l'étrange devient banalité. — Je sais bien qu'on peut encore compter sur des catastrophes, prévoir de grands désastres, mais j'ai bien examiné le chemin, les rails, les freins, et je n'ai pu formuler aucune supposition. — J'ai eu le privilége de rencontrer une tempête épouvantable, qui précipitait dans les ravins des morceaux de *voie* longs de cent mètres, mais les traverses avaient résisté, les voitures maintenaient leur équilibre et brisaient les torrents qui s'efforçaient de tordre les rails.

J'avais une fois traversé le Sœmmering sur le chemin de fer qui conduit de Vienne à Trieste, et la courtoise bienveillance de l'ingénieur m'avait indiqué comme le meilleur poste d'observation la voiture qui termine le train. C'est, en effet, l'installation la plus propice et j'ai pu examiner l'ensemble de la chaîne comme on visite un musée.

Au départ, on éprouve, je ne sais pourquoi, une sensation qui ressemble à de la frayeur. — On se sent mal à l'aise, si l'on croit au danger, de ne pas participer à la lutte et de ne pouvoir équilibrer l'appréhension par la volonté attentive et la surveillance minutieuse.

Mais, au bout de quelques minutes, on redevient maître de soi et l'on dirige toutes ses forces vers le grand spectacle qu'on a devant les yeux. — A votre gauche le torrent bruit comme un cicérone bavard et pulvérise ses eaux en les frappant contre les rochers de son lit. A droite la montagne boisée ou les grandes murailles de granit ferment le val dans lequel les ruisseaux déversent leurs nappes, qui semblent tomber directement des nues.

La voie du nouveau chemin de fer a été prise sur la route impériale dont le tiers a été concédé à la nouvelle compagnie; une forte barrière établit la séparation; mais sur beaucoup de points on a dû quitter le parallélisme, et la ligne ferrée perce çà et là une roche pour éviter une courbe trop prononcée, ou bien pour ne pas recevoir les masses de neiges dont les lignes ont été très-bien calculées. La largeur de la voie est de 1 mètre 150 millimètres de centre à centre des rails extérieurs.

Ce qui caractérise l'invention Fell, c'est la présence d'un troisième rail, également distant des deux autres, sur lequel s'appuient et roulent deux roues horizontales. C'est plutôt un rail géminé, puisqu'il supporte deux roues. Ce rail géminé ou central est élevé de 0^m19 au-dessus des autres, mais on ne le rencontre pas dans toute la longueur de la voie. Sa présence est subordonnée à l'une de ces deux conditions : lorsque la courbe décrite a moins de 100 mètres de rayon, quand la déclivité des pentes, ou rampes, dépasse 30 millimètres par mètre. Ce rail est terminé en pointe à tous les endroits où il y a solution de continuité, pour faciliter le passage des galets ou freins centraux.

Enfin, une heureuse combinaison de leviers fait de ce troisième rail, un véritable jouet entre les mains du garde-barrière, qui l'élève ou l'abaisse à son gré, sur les passages à niveau.

L'ensemble de tout cet appareil est gouverné avec une telle précision, qu'il est tout-à-fait impossible d'établir une différence de sensation entre le mode de progression. On devine bien la présence du troisième rail, quand on considère l'inclinaison des rampes, mais, à vrai dire, on ne la sent pas.

On peut s'étonner de l'adhésion parfaite des deux systèmes de roues sur leurs rails, mais on s'en rend bien compte en considérant le poids relativement énorme de la machine qui fixe les roues verticales. Quant aux roues horizontales, elles sont pour ainsi dire sous la main du conducteur, qui, à l'aide d'un frein, formé de deux patins, les éloigne du rail central ou les en rapproche au point d'en faire une sorte d'étau puissant qui assure la fixité de l'ensemble.

Enfin signalons encore la pression d'une poulie

folle, indispensable dans les courbes puisque les roues ont à parcourir des chemins à rayons différents. — D'ailleurs, la précision des manœuvres, la quasi-instantanéité de l'arrêt, est le résultat du fonctionnement parfait des freins dont chaque voiture est munie ; aussi, lorsqu'on a glissé sur quelques rampes ou qu'on a franchi certains cols, on ne songe plus à la machine ni aux freins et l'on se donne tout entier aux joies nouvelles de ce genre d'ascension. — Peu à peu les arbres se font plus rares, les moissons se montrent plus chétives, les rochers prennent une physionomie plus sévère, la température cesse d'être tiède et déjà, en se penchant un peu, on aperçoit sur les cimes le rayonnement des glaciers.

En deux heures, trois heures au plus, vous avez touché les extrêmes de notre climat européen. N'est-ce point là le privilége remarquable de ce nouveau chemin de fer, qui va permettre à chaque touriste de choisir sa résidence comme il choisirait son étage dans un hôtel. Il peut, à son gré, fixer la température ; en juillet, il se rapprochera des glaciers, plus tard, les nuits froides le rappelleront dans la vallée ; et mieux encore, il prendra chaque matin le train qui le rapproche des sommets, et au coucher du soleil il regagnera sa demeure.

Encore quelques années, et à l'angle de quelque roche, sur les plus hauts points du Mont-Cenis, nous lirons : Etablissement d'aérothérapie du docteur X.

Mais, en dehors même des installations que la fantaisie va créer dans ces régions, n'est-ce rien pour les malades que de suivre, d'étage en étage, la floraison de certains résineux et de se faire de l'été une succession de printemps ? N'est-ce donc rien que de pouvoir rêver des douches de cent pieds de chûte, ou d'aller respirer l'eau pulvérisée sur le trajet des cascades ?

Il est une excursion plus sérieuse que je voudrais voir organisée par un professeur intelligent. Rien de plus facile maintenant que de créer sur les Alpes Cottiennes des *trains de science*. —

Grâce aux coupes qui ont été faites, il y a sur le Mont-Cenis un musée géologique qui n'attend plus que son catalogue, ses étiquettes et un savant. En donnant dix mètres d'élévation à chaque lettre peinte sur les grandes sections, on peut suivre le cours sans quitter son wagon ; une dizaine de leçons professées dans un pareil milieu, en apprendraient plus aux gens du monde que deux années de démonstrations, faites sur un tableau noir, dans les salles de nos conférenciers à la mode. Serait-ce donc une innovation si dangereuse que d'enseigner l'histoire naturelle en face de la grande nature?

Mais nous venons de quitter Termignon; la pente devient plus âpre et l'on sent très-bien que la vitesse se ralentit ; elle n'est plus guères que de 15 kilomètres à l'heure; ce n'est plus l'ascension rapide, c'est l'escalade; les roues horizontales s'appuient avec plus de force sur le rail central ; sur toute la longueur du train on sent l'effort énergique. Déjà la physionomie est toute autre, la belle végétation a disparu, les pins se rabougrissent, l'herbe disparaît et la masse arrondie des crêtes est à peine revêtue d'une tunique grisâtre de lichens. C'est sur ce point de la traversée que nous rencontrons les tunnels aériens, sorte de cages en tôle qui recevront en novembre le premier choc des tempêtes et la masse des neiges. Çà et là des ouvertures ont été ménagées pour assurer la circulation de l'air et faciliter la sortie de la vapeur. Une statistique, soigneusement établie depuis dix ans, a permis de fixer la ligne des neiges, et c'est grâce à ces données, fournies par l'expérience, qu'on a pu placer, à leurs véritables postes, ces défenses de la voie.

Les paraneiges ont une longueur de 9 kilomètres; ils couvrent 3500 mètres de voie du côté français et 5400 mètres sur le versant italien. Leurs tronçons présentent des longueurs inégales suivant les points où on les a élevés.

Dans les intervalles on peut apercevoir les grandes toits des glaciers, qui retiennent éternellement l'hiver dans leurs mailles bizarres et renvoient, de cime en cime, leur éblouissant reflet. A distance on croirait fixer les vitres épaisses d'un palais de géants.

A cette hauteur, la locomotive et son train ne ressemblent plus guères qu'à un énorme joujou glissant dans les sentiers des roches. — Néanmoins le train prend çà et là ses voyageurs, fait son eau, donne ses dépêches, mais tout cela ressemble à un voyage de féerie.

Mais nous avons, à peu près, franchi les derniers crêtes, nous côtoyons les lacs supérieurs dont les eaux froides pétrissent la chair succulente et ferme des truites du Prieuré. Nous traversons la ligne des eaux et nous commençons la descente.

Certes, ce serait là aussi la ligne des émotions, mais la sécurité, l'absolue confiance se sont emparées de vous ; les muscles se détendent peu à peu, et comme, à toutes les minutes, à chaque détour, l'aspect est nouveau, vous êtes tout entier à l'admiration. Vous effleurez les précipices, vous pivotez à chaque coin de la route, le train perce sa voie dans des amas de nuages, vous traversez des brumes épaisses et des éclaircies éblouissantes ; un rayon de soleil ou de foudre vous révèle, çà et là, un village ou des gouffres, et, dans le lointain, la première ville vous apparaît comme une vapeur découpée. — Puis l'orage vous enveloppe et jette dans le vide des arbres qui vous effleurent.—Mais peu à peu le calme se rétablit, nous rentrons dans l'atmosphère d'azur que ferment des horizons verts, la vie se révèle au fond des vallées, l'inclinaison disparaît graduellement et, tout émerveillés encore, nous atteignons Suse, la première ville italienne.

Comme je demandais à l'ingénieur Cohierre, l'intrépide chef de cette exploitation, où en étaient les travaux du percement du Mont-Cenis, — « Chacun suit sa voie, — me répondit-il, — tandis que là, ils fouillent et percent dans l'ombre, nous, nous escaladons dans la lumière. »

Laon. — Imprimerie de H. de Coquet et Cⁱᵉ.

EXTRAIT DU
CATALOGUE DEGORCE-CADOT

FORMAT GRAND IN-18

(Voir à la fin du volume pour le Catalogue général.)

		fr. c.
D. BANCEL......	Les Révolutions de la parole. 1 vol. grand in-8 cavalier................	6 »
JULES FAVRE.....	Deux Sessions législatives. 1 vol.........	3 50
CH. BOYSSET.....	Le Catéchisme du XIXᵉ siècle. 1 vol. gr. in-8..	5 50
AB. DEROUX.....	Histoire générale des Conciles. 1 vol......	3 »
La sœur X.......	*Mémoires d'une religieuse.* Le Couvent. 1 vol.	3 »
—	— La Mansarde. 1 v.	3 »
JULES CLARETIE...	La Poudre au vent. 1 vol............	3 »
— ...	Un Assassin. 1 vol.................	3 »
JULES LE HODEY...	Don Juan de lord Byron, avec préface de M. Legouvé, de l'Académie française. 1 vol.....	3 »
FRANCIS MAGNARD..	*La Vie cléricale.* L'abbé Jérôme. 1 vol.....	3 »
Mᵐᵉ RATAZZI.....	Si j'étais Reine. 1 vol...............	3 »
—	Le Rêve d'une ambitieuse. 1 vol........	5 »
—	Le Piége aux maris. 4 vol............	12 »
—	Florence. 1. vol..................	3 »
—	Nice la Belle. 1 vol................	3 »
A. DE LAVERGNE...	Le Lieutenant Robert. 2 vol..........	6 »
ANONYME.......	Mémoires d'une Biche anglaise. 1 vol....	3 »
JULES VALLÈS....	Les Réfractaires. 1 vol.............	3 »
VERNEUIL.......	Les Petits Péchés d'une grande dame. 1 vol..	3 »
A. TOUROUDE	La Question de l'amour. 1 vol.........	3 »
DELVAU........	Mémoires d'une honnête fille. 1 vol......	3 »
E. RUBEN.......	Historiettes humoristiques. 1 vol........	3 »
ERNEST BILLAUDEL..	Ma Tante Lise. 1 vol...............	3 »
S. BLANDY.....	Revanche de femme. 1 vol............	3 »
ARMAND DURANTIN.	Un Jésuite de robe courte. 1 vol........	3 »
LÉO LESPÈS.....	Les Nuits de Timothée Trimm. 1 vol.....	3 »
RENÉ D........	Le Roman d'un Séminariste. 1 vol.......	3 »

Indispensables **GUIDES PHILIPPS POUR TOUS PAYS** *Indispensables*

Paris, impr. Jouaust, rue St-Honoré, 338.

www.ingramcontent.com/pod-product-compliance
Lightning Source LLC
Chambersburg PA
CBHW071252160426
43196CB00009B/1265